QUE SAIS-JE ?

St Cannat le 20.03.93
Jacques.

Les droits de l'enfant

FRANÇOISE DEKEUWER-DÉFOSSEZ

Professeur agrégé
à l'Université de Lille II
Directeur du Laboratoire d'Etudes
et de Recherches Appliquées au Droit Privé (LERADP)

ISBN 2 13 044262 5

Dépôt légal — 1re édition : 1991, décembre

108, boulevard Saint-Germain, 75006 Paris

Introduction

QU'EST-CE QUE LES DROITS DE L'ENFANT ?

Et, d'abord, qu'est-ce qu'un enfant ? — Etymologiquement, « enfant » vient du latin *infans* signifiant « qui ne parle pas ». L'*infans* latin était ce que nous appelons un enfant en bas âge. Aujourd'hui, le terme d'enfant est beaucoup plus largement entendu, puisqu'il est défini par la Convention de l'ONU sur les droits de l'enfant comme « tout être humain âgé de moins de dix-huit ans, sauf si la majorité est atteinte plus tôt » (art. 1er). C'est dans ce sens que nous utilisons ce terme, tout en signalant immédiatement que le seuil d'âge n'a rien d'absolu : à certains égards, on cesse d'être enfant plus tôt (par exemple si l'on est émancipé). Mais on peut aussi le rester plus tard (par exemple certaines mesures d'assistance éducative peuvent durer jusqu'à vingt et un ans).

Le terme « enfant » sert aussi à désigner une relation familiale : dans ce second sens, il n'y a pas de limite d'âge. Le propos de ce « Que sais-je ? » est de réfléchir sur les droits de l'enfant entendu comme jeune personne, les relations de parenté n'étant envisagées que comme composantes de son statut.

L'enfant est un adulte en devenir. — La plupart des droits de l'enfant sont des applications particulières des droits de l'homme (par exemple la liberté religieuse) ou le droit de devenir un homme. C'est dans cette seconde perspective que se situent toutes les règles de protection et d'éducation de l'enfant, qui doivent lui permettre de grandir, ce qui est l'occupation essentielle de l'enfant. De la bonne réussite de l'éducation de l'enfant dépendent non seulement son avenir propre, mais encore celui de toute la société où il s'insérera. Les droits de l'enfant vont se modifier au cours de sa croissance : les droits d'un enfant de quelques jours ne sauraient être les mêmes que ceux d'un enfant proche de la majorité.

L'enfant naît et grandit dans une famille. — L'adulte peut vivre seul et le droit le traite d'abord comme une personne isolée. L'enfant ne peut survivre s'il n'est pas entouré d'adultes. En principe, c'est le milieu familial qui est le plus favorable pour son épanouissement, aussi le droit favorise-t-il l'éducation de l'enfant par ses parents. Néanmoins, il peut se produire que la famille ne remplisse pas son rôle : l'Etat va donc contrôler et, le cas échéant, suppléer la famille dans l'éducation des enfants.

Que recouvre la notion de « droits de l'enfant » ? — On peut l'appréhender d'abord comme *droit applicable à l'enfant*. C'est la vision la plus traditionnelle, ce qui ne veut pas pour autant dire sans ambiguïté. Car, si historiquement on peut affirmer qu'un droit de l'enfance a toujours existé, il consistait plutôt en un ensemble de droits que les adultes avaient sur les enfants. Le droit romain comme l'Ancien Droit français voyaient dans l'enfant l'objet de la puissance paternelle et l'avenir de la lignée. Autant dire que l'enfant n'était pas considéré comme titulaire de droits. Au XIXe siècle interviendra une prise de conscience de la nécessité de protéger l'enfant, contre sa famille ou contre ses employeurs, par exemple. Même des branches du droit particulièrement évoluées, comme le droit pénal des mineurs ou celui de l'assistance éducative, que l'on peut dater du lendemain de la seconde guerre mondiale, envisagent plus l'enfant comme objet d'éducation que comme sujet de droits.

Il existe cependant une autre vision des droits de l'enfant, dont l'origine semble résider dans les instruments internationaux : Déclaration des droits de l'enfant de 1959 et, surtout, Convention de l'ONU sur les droits de l'enfant de 1989, ratifiée par la France et entrée en vigueur dès 1990. Dans ces instruments, on ne parle pas de situation juridique de l'enfant, mais de *droits de l'enfant*. L'optique est toute différente, puisqu'il ne s'agit plus de décrire quelles règles juridiques sont applicables aux enfants, mais quels droits doivent leur être reconnus par la société.

Cette mutation est la traduction, dans le monde de l'enfance, de la promotion de la philosophie des Droits de l'Homme, qui connaît actuellement de nombreux autres exemples (rétablissement de la liberté religieuse et de la démocratie dans les pays de l'Est, suppression de l'apartheid, etc.). L'enfant est désormais pensé comme un sujet, une personne dotée de liberté.

Le changement d'optique n'est pas sans faire songer au passage de la « condition juridique de la femme », aux « droits des femmes ». La comparaison (qui n'est pas nouvelle) est éclairante, mais elle a ses limites : car l'enfant, à la différence de la femme, ne peut être considéré comme un individu ordinaire à qui il suffit d'appliquer le principe d'égalité des droits. Une législation spécifique est indispensable. Toutefois, dans un cas comme dans l'autre, le changement de terminologie exprime un renversement de perspective : la situation de l'enfant doit désormais être envisagée du point de vue de l'enfant et autant que possible par l'intéressé lui-même.

Ce changement de perspective est beaucoup plus important que la référence faite dans la Convention de l'ONU à l' « intérêt supérieur » de l'enfant. Car l'intérêt de l'enfant est bien connu de notre droit et il constitue le critère de choix principal aussi bien des juges que des parents. Mais ce n'est qu'une façon de désigner ce que les adultes pensent bon pour l'enfant, et l'adjonction du qualificatif « supérieur » n'y change rien.

A moins que l'on ne veuille dire par là que l'intérêt de l'enfant sera toujours considéré comme supérieur à ceux des adultes, mais ce serait mensonger ou irréaliste. Certes, la perspective des « droits de l'enfant » permet de démasquer les hypothèses où ils s'opposent à ceux des adultes, spécialement des parents. Ainsi, en matière d'adoption, le droit de l'enfant à connaître sa filiation biologique s'oppose directement au droit au secret des parents par le sang et des parents adoptifs. Le problème ainsi correctement posé n'est pas pour autant résolu, car on ne peut nier la légitimité des droits des parents pour la seule raison qu'ils sont adultes !

Par contre, la confrontation de cet intérêt pensé par les adultes au « droit d'expression » de l'enfant constitue un véritable changement et risque de déstabiliser certaines habitudes !

On perçoit immédiatement les difficultés que présente la nouvelle problématique des droits de l'enfant : il est trop jeune, inexpérimenté et immature pour que la vision qu'il a de son intérêt (supérieur) soit incontestable. Par ailleurs, ce sont les parents qui sont chargés de faire respecter l'intérêt de l'enfant. Or, cet intérêt est parfois contraire à celui des parents ! Résoudre cette contradiction implique nécessairement de permettre à la parole de l'enfant de s'exprimer par un autre canal que la voix de ses parents : l'avocat d'enfant, le défenseur d'enfant ou... l'enfant lui-même. Chaque solution présente des difficultés, mais, pour difficile à mener qu'il soit, ce changement d'optique ne peut pourtant pas être éludé, ne serait-ce que parce que la Convention internationale déjà évoquée en fait une obligation.

Il n'est pas question, dans un cadre aussi restreint, d'étudier les droits de l'enfant dans le monde. Nous écarterons donc de notre propos un certain nombre de situations qui ne posent guère de difficulté dans notre pays, comme, par exemple, la situation des enfants dans les conflits armés. Il nous paraît préférable de centrer nos développements sur les problèmes que peuvent poser effectivement les droits de l'enfant dans le contexte français actuel. Le droit français ne peut pas être considéré comme globalement « en retard » par rapport à la Convention de l'ONU, il la respecte même mieux que bien des pays évolués, comme les Etats-Unis. Mais contrairement à ce que l'on pourrait supposer, les droits de l'enfant ne sont pas toujours suffisamment respectés par les hommes ou par les lois.

En droit positif français, l'adoption de la nouvelle perspective des « droits de l'enfant » date de la loi du 22 juillet 1987 relative à l'autorité parentale qui, pour la première fois, a réparti cette autorité entre les parents séparés en se fondant sur deux droits de l'enfant : le droit de l'enfant à conserver des liens avec ses deux parents, et le droit de l'enfant à s'exprimer. La plus grande partie du reste de la législation s'inscrit dans une vision du « droit de l'enfance », largement inspirée par un souci de protection de l'enfant, mais ne lui laissant qu'assez peu la parole. Même les textes adoptés au cours des années 1989 à 1991, c'est-à-dire en fonction de la Convention de l'ONU, ne sont pas toujours suffisamment inspirés de la logique des « droits de l'enfant ». Aussi d'assez nombreuses réformes sont-elles inéluctables.

C'est ce que nous vérifierons successivement à propos du « Statut juridique de l'enfant » (chap. I), de l'insertion de « L'enfant dans sa famille » (chap. II), et enfin de « La protection de l'enfant par l'Etat » (chap. III).

Chapitre I

LE STATUT JURIDIQUE DE L'ENFANT

Le statut juridique de l'enfant se décrit sous deux angles différents : d'abord, savoir s'il est considéré comme une personne juridique, ensuite, déterminer l'étendue de sa capacité juridique.

I. — La personnalité juridique de l'enfant

La personnalité juridique est l'aptitude à être titulaire de droits et d'obligations. S'il n'est pas douteux que les enfants aient cette qualité, il est beaucoup moins évident de déterminer à partir de quel moment cette personnalité leur est reconnue.

Une fois attribuée à l'enfant, la personnalité juridique lui confère un ensemble d' « attributs » qui permettent de l'identifier et de le caractériser, tels le nom ou la nationalité.

1. **La question de la personnalité de l'enfant simplement conçu.** — La personnalité commence-t-elle à la naissance ou dès la conception de l'enfant ? Le Code civil ne contient pas de réponse à cette importante question, dont l'acuité a été aggravée par les progrès

de la médecine. Deux adages traditionnels, de sens contraire, peuvent être invoqués :

« *Infans conceptus pro nato habetur quoties de commodis ejus agitur.* »

« *Infans pars viscerum matris.* »

Le premier signifie que l'enfant simplement conçu est considéré comme né, dans la mesure où il y va de son intérêt.

Le second que l'enfant non encore né est simplement une partie du corps de la mère.

Ces deux adages ne sont pas vraiment contradictoires car ils ont des champs d'application différents. Par ailleurs, ils doivent être complétés par l'étude de la législation civile et pénale qui, sans poser de règle générale sur le statut juridique de l'embryon et du fœtus, en réglemente certains aspects importants. On peut assez bien résumer l'état du droit en affirmant que l'enfant simplement conçu n'est pas considéré par le droit comme une personne, mais qu'il a néanmoins une personnalité conditionnelle, ou encore potentielle, bref, un « embryon de personnalité ».

A) *L'absence de personnalité juridique de l'enfant conçu.* — La reconnaissance de la qualité de personne à l'embryon se heurte à l'insuffisante autonomie de ce dernier. Indissociable du corps de sa mère, il n'est pas apte à une vie indépendante. Aussi est-il impossible de le considérer comme sujet juridique tant qu'il n'est pas né.

Bien qu'implicite, cette solution est ancienne : reconnaître à l'enfant *in utero* la même personnalité qu'après la naissance aurait impliqué qu'il bénéficie de la même protection pénale. Or, il n'en est rien et il n'en a jamais été ainsi. Le fait de donner la mort à une personne est un meurtre ou un assassinat. La même opération pratiquée avant la naissance n'est qu'un avortement. Ni les incriminations, ni les pénalités ne sont identiques. Même au temps de la répression la plus sévère des avortements, les deux types d'infractions ont toujours été différenciés.

Depuis 1975, le débat a rebondi en raison de la légalisation de l'interruption volontaire de grossesse (loi du 17 janvier 1975). L'IVG est licite, si la femme enceinte s'estime dans une situation de « détresse » et si elle suit une procédure appropriée au cours des dix premières semaines de sa grossesse. Il existe aussi une interruption thérapeutique de grossesse, qui peut être pratiquée à tout moment, si la grossesse menace la santé de la mère ou s'il existe de fortes probabilités que l'enfant soit atteint d'une grave malformation.

Il serait cependant abusif d'en déduire que le droit français ne reconnaît pas le droit à la vie de l'embryon. La loi sur l'IVG proclame dans son article 1er : « La loi garantit le respect de tout être humain dès le commencement de la vie. Il ne saurait être porté atteinte à ce principe qu'en cas de nécessité et selon les conditions définies par la présente loi. » Les avortements qui seraient pratiqués sans respecter les conditions posées par la loi demeurent d'ailleurs passibles de sanctions pénales sévères. L'avortement demeure un délit, qui n'est cependant pas punissable lorsqu'il se trouve « justifié » par les circonstances prévues et limitativement énumérées par la loi de 1975 : la détresse de la femme ou les risques médicaux. En effet, ceux-ci rendent impossible le respect du droit à la vie de l'embryon.

Il faut cependant aller au-delà de ce premier aspect des choses. Car la notion de « détresse » étant purement subjective et ne pouvant être contrôlée par personne — ni par le mari, ni par le médecin, ni par le juge — force est de reconnaître que l'avortement est, en fait, totalement libre pendant les dix premières semaines de grossesse.

Dès lors se pose la question de savoir si une telle législation est bien compatible avec la protection des personnes et des enfants instituée par différents instruments internationaux, plus précisément par la Convention européenne des droits de l'homme de 1950, par le Pacte international de New York relatif aux droits civils et politiques de 1966 et par la Convention de l'ONU sur les droits de l'enfant de 1989.

Au regard de la Convention sur les droits de l'enfant, la difficulté a été résolue d'avance : en effet, la France n'a ratifié celle-ci que sous réserve expresse de ce que l'article 6 de cette convention, qui proclame le droit à la vie de l'enfant, ne soit pas considéré comme contraire à la législation française sur l'IVG.

En revanche, aucune réserve similaire n'avait été faite lors de la ratification par la France des deux autres conventions. Au moment du vote de la loi de 1975, le Conseil constitutionnel avait été saisi d'un recours fondé sur la contrariété entre la loi et l'article 2 de la Convention européenne des droits de l'homme, qui garantit le droit à la vie de toute personne. A l'époque, le Conseil constitutionnel avait refusé de répondre à la question qui lui était posée, arguant de ce qu'il a pour mission de juger si une loi est conforme à la Constitution, et non pas si elle est conforme aux traités internationaux. Plus récemment, le Conseil d'Etat a été saisi de la même question à propos du décret mettant sur le marché la pilule abortive RU 486. Il a répondu que, compte tenu des dispositions restrictives de la loi de 1975, celle-ci n'est incompatible ni avec la Convention européenne des droits de l'homme, ni avec le Pacte international de New York[1] : cette décision était prévisible, compte tenu de l'extrême réserve de la Commission des droits de l'homme du Conseil de l'Eu-

1. CE, 21 décembre 1990, *D*, 1991, *IR*, p. 34.

rope, qui avait précédemment refusé aussi bien de condamner les législations interdisant l'avortement que celles qui l'autorisent[1]. Il eût été illogique qu'une juridiction nationale se montrât plus exigeante quant à l'application de la Convention européenne des droits de l'homme que l'instance internationale chargée de faire respecter cette convention !

Autrement dit, le droit à la vie des personnes n'implique nullement le droit à la vie des embryons.

Le fait que l'enfant non encore né ne soit pas une personne se confirme lorsque l'on examine le statut juridique des fœtus et embryons. Tant que l'enfant n'est pas né, ses parents ne peuvent pas se voir reconnaître l'autorité parentale. Par conséquent, le père d'un enfant conçu n'a absolument aucune prérogative juridique sur l'embryon. Cette solution joue aussi dans le cadre des nouvelles techniques médicales. Ainsi n'est-il pas question d'appliquer à un embryon congelé le statut d'un enfant. De même, certains actes juridiques tel un don d'embryon congelé ne sont pas interdits (et se pratiquent), alors qu'ils seraient inconcevables sur un enfant.

Force est de reconnaître que, jusqu'à la naissance, l'embryon n'est pas une personne (mais une « chose » ?), même si, en raison de sa qualité d'être humain, elle bénéficie d'un régime juridique particulier. A cet égard, un auteur[2] a tenté un parallèle tout à fait intéressant entre le fœtus et le cadavre : dénués de personnalité, ces deux « objets » sont néanmoins considérés comme éminemment respectables et même sacrés par le droit.

Il existe néanmoins une grande différence entre le

1 V. la décision X/ Royaume-Uni, du 13 mai 1980, *Documents et Rapports du Conseil de l'Europe (DR)*, 19, p. 244.

2 Xavier Labbée, *Le statut juridique de l'être humain avant la naissance et après la mort*, PUL, 1991. Cet auteur propose qu'une loi reconnaisse la personnalité juridique de l'enfant conçu à partir du troisième mois de grossesse : *op. cit.*, p. 237.

cadavre et le fœtus : c'est que le second, dans l'hypothèse la plus favorable, devient ensuite un enfant : c'est ce qui explique la personnalité potentielle de l'embryon.

B) *La personnalité potentielle ou conditionnelle de l'enfant conçu.* — L'expression de « personnalité potentielle » a été utilisée par le Conseil national d'Ethique dans son avis de 1984 sur les utilisations d'embryons à des fins thérapeutiques et scientifiques. Elle n'a pas de contenu juridique précis, mais elle exprime d'une part le respect dû à l'embryon et, d'autre part, indique une certaine obligation de permettre à cette potentialité de se réaliser. Elle a servi de guide dans les divers rapports ou avant-projets de lois, concernant le statut de l'embryon, qui ne sont encore concrétisés par aucun texte de loi français.

Le terme de « personnalité conditionnelle » a une signification juridique beaucoup plus précise. Il indique que l'enfant simplement conçu peut déjà acquérir certains droits, mais que ceux-ci ne deviendront vraiment effectifs que si l'enfant naît vivant et viable. C'est le prolongement de l'adage « *infans conceptus...* » déjà cité. Une application particulière de ce principe est faite par les articles 725 et 906 du Code civil : un enfant conçu peut hériter d'une personne décédée avant sa naissance. C'est le cas du fils posthume qui a droit à l'héritage de son père. Mais il faut que l'enfant naisse vivant et viable. Lorsqu'un décès se produit alors qu'un héritier possible est en gestation, il convient donc d'attendre la naissance. Si l'enfant naît vivant, on considérera qu'il avait déjà la qualité de personne apte à succéder au moment du décès. Si, au contraire, l'enfant est mort-né ou si une fausse couche se produit, on fera comme si il n'avait jamais eu d'existence.

Le mécanisme de la condition produit un effet rétroactif : le résultat de la grossesse conditionnera le statut de l'embryon avant la naissance.

Ce système prévu par le Code civil dans le cas des successions a été transposé ensuite par les tribunaux dans d'autres hypothèses similaires. Ainsi, si le père décédé avait souscrit une assurance-vie, elle pourra bénéficier à un enfant conçu avant son décès mais né par la suite.

De même, il est possible pour la mère comme pour le père de reconnaître un enfant avant sa naissance. Cette reconnaissance ne produit aucun effet immédiat, mais elle établira la filiation et le nom de l'enfant et déterminera le(s) détenteur(s) de l'autorité parentale au moment de sa naissance. On tiendra compte néanmoins de la date réelle des reconnaissances : ainsi, le nom de l'enfant sera celui du parent l'ayant reconnu en premier lieu, c'est-à-dire généralement de la mère. Cette pratique est de plus en plus fréquente car elle permet d'établir les cadres juridiques de la vie de l'enfant dès avant sa naissance et lui offre ainsi un maximum de sécurité. Par contre, cette reconnaissance ne permet pas d'agir immédiatement au nom ou en faveur de l'enfant conçu.

Lorsque l'enfant est né, le système juridique qui a été appliqué pendant sa gestation apparaît rétroactivement cohérent puisque la personnalité ou l'absence de personnalité résultant de sa vie ou de sa mort produisent leurs effets rétroactivement dès sa conception et donnent une solution uniforme et rationnelle aux problèmes pratiques.

En revanche, cette construction avoue ses insuffisances face aux problèmes qui se posent actuellement dans les laboratoires et les hôpitaux. Car le régime de la personnalité conditionnelle est impuissant pour déterminer, par exemple, ce qui doit être fait d'un embryon congelé lorsque ses procréateurs périssent accidentellement ou divorcent, ou encore les limites à assigner aux expérimentations sur les embryons.

Les enfants simplement conçus, n'étant pas considérés comme des enfants par notre droit, seront désormais écartés de notre propos. Voyons donc quelles sont, pour un enfant né et vivant, les conséquences de sa personnalité juridique.

2. **Les « attributs de la personnalité » de l'enfant.** — En tant que personne, l'enfant est titulaire d'un certain nombre de droits subjectifs, c'est-à-dire de prérogatives dont il peut exiger le respect. Les plus importantes concernent son identité, mais il ne faut pas négliger son autonomie patrimoniale.

A) *Le droit de l'enfant à une identité.* — L'enfant, dès sa naissance, a droit à un nom et à une nationalité. Ces droits fondamentaux sont proclamés par les articles 7 et 8 de la Convention sur les droits de l'enfant.

1° Chaque enfant a *un nom* : tout enfant qui naît en France est obligatoirement déclaré à la mairie dans les trois jours de sa naissance. Cette obligation pèse sur le père, s'il est présent lors de l'accouchement, mais aussi sur les médecins et sage-femme ayant assisté la mère. Lors de l'établissement de l'acte de naissance, un nom est donné à l'enfant.

Si ses parents sont mariés, il reçoit le nom du mari. Sinon, le nom de l'enfant est celui du parent qui l'a reconnu le premier, et le nom du père en cas de reconnaissances simultanées. Si l'enfant n'est reconnu par aucun de ses parents, le nom de sa mère étant cependant mentionné sur son acte de naissance, il portera ce nom maternel, même si sa filiation n'est pas établie. On remarquera que, dans aucune hypothèse, l'enfant ne reçoit le nom de ses deux parents : tout au plus peut-il porter « à titre d'usage » le nom du parent « qui ne lui a pas transmis le sien » (art. 43, loi du 23 décembre 1985). Mais ce nom d'usage n'est pas transmissible à ses propres enfants.

Le nom transmis par filiation subit les vicissitudes

de cette dernière : ainsi l'enfant adopté prend-il le nom des adoptants, quel que soit son âge.

Enfin, l'article 57 du Code civil permet de ne pas mentionner le nom des parents dans l'acte de naissance d'un enfant naturel. Il est alors déclaré « né de mère inconnue » et reçoit de l'officier d'état civil une série de prénoms dont le dernier lui tient lieu de nom de famille.

Ces enfants nés de mère inconnue sont le plus souvent ceux pour qui la mère a demandé le secret de l'accouchement (accouchement dit « sous X »). Il existe aussi des enfants « abandonnés » aux services de l'Aide sociale à l'Enfance, pour lesquels le secret de la naissance est demandé. Au bout d'un délai de trois mois (permettant à la mère de changer d'avis), ils sont immatriculés comme pupilles de l'Etat, puis rapidement adoptés et ils reçoivent, au moment de leur adoption, le nom du ou des adoptants. A ce moment, l'acte de naissance initial est annulé et remplacé sur les registres de l'état civil par le jugement prononçant l'adoption : y sont énoncés les date, lieu et heure de la naissance, ainsi que les noms des adoptants. L'enfant lui-même n'a pas droit à communication de son acte de naissance originaire. De toute façon, lorsqu'il a été déclaré né de mère inconnue, cette consultation ne lui serait pas d'un grand secours.

Ce système est destiné à protéger la mère qui a abandonné son enfant de toute question indiscrète par la suite : c'est le prix payé pour éliminer la tentation de l'avortement ou de l'infanticide. Il permet aussi d'éviter les révélations inopportunes tant aux tiers qu'à l'enfant lui-même. Le législateur a voulu laisser aux parents adoptifs le soins de déterminer librement s'ils doivent dire à l'enfant qu'il a été adopté, ainsi que quand et comment ils le disent.

Mais, malgré ses côtés bénéfiques, ce système est actuellement critiqué car il ne permet évidemment pas à l'enfant de connaître sa véritable identité. Si l'enfant devenu adulte souhaite la rechercher, il va se heurter au secret médical ou au silence administratif. Encore faut-il préciser les termes du débat, souvent objet de confusions.

En cas d' « accouchement sous X », ce secret est absolu, car aucune trace n'est gardée de l'identité de la mère, et, de toute façon, les médecins et sages-femmes sont tenus par le secret professionnel (V. a. 47 CFAS et 378 C. pén.).

Pour les enfants abandonnés, lorsque les parents ont demandé expressément le secret, l'Aide sociale à l'Enfance connaît ce nom, mais n'est pas habilitée à le révéler (art. 62 et 81 CFAS).

Enfin, lorsque les enfants ont été abandonnés sans que les parents demandent expressément le secret, la loi du 17 juillet 1978 sur la communication des documents administratifs impose à l'ASE l'obligation de communiquer aux enfants les dossiers les concernant (ce qu'elles ne font pas toujours sans réticence).

Une simplification et une plus grande transparence de ces dispositions sont actuellement à l'étude. Mais il faut bien voir que la quête de ses origines par l'enfant se heurte au droit des parents à préserver leur vie privée, et que cette recherche peut aboutir à un nouveau traumatisme si, retrouvés, les parents rejettent toujours l'enfant.

Aussi le rapport Bouchet déposé par le Conseil d'Etat en 1989 proposait-il de rechercher des solutions dans la perspective d'un organisme médiateur qui aurait pour fonction à la fois de retrouver les parents et de s'assurer de leur accord à la révélation de leur identité.

Une semblable discordance entre l'identité légale ou apparente de l'enfant et son identité réelle apparaît aussi dans les hypothèses de « nouveaux moyens de procréation ». L'enfant né par insémination artificielle avec donneur, l'enfant né après don d'embryon ou d'ovule... ont un nom qui leur est donné par la famille qui les élève, mais qui ne correspond pas à leur véritable origine génétique.

On peut pourtant estimer que la connaissance par un enfant de sa véritable identité est un droit, et qu'elle serait de son intérêt. Elle lui permettrait de bénéficier de la médecine prédictive, qui tend à prévenir par des soins appropriés les maladies rendues probables par des antécédents familiaux. Elle l'aiderait à résoudre certaines difficultés psychologiques.

Mais cet « intérêt supérieur » de l'enfant n'est pas toujours compatible avec celui de ses parents. Et faire prévaloir l'intérêt de l'enfant risquerait de provoquer des effets secondaires nuisibles : ainsi la décision prise en Suède de communiquer aux enfants nés par une IAD l'identité du donneur de sperme a immédiatement entraîné une significative raréfaction des dons.

Aussi la Convention de l'ONU ne confère-t-elle à l'enfant le droit de connaître ses parents que « dans la mesure du possible » (a. 7, 1). Reste à savoir si ce « possible » doit être entendu dans un sens matériel ou juridique, s'il permet aux Etats de modeler leur loi selon ce qui leur paraît juste, ou s'il leur impose de créer des procédures permettant à l'enfant de retrouver ses origines ?

Le droit au nom de l'enfant n'emporte donc pas droit à son identité au moins en l'état actuel du droit.

2° Un phénomène similaire peut être relevé en matière de *nationalité*. Selon la loi française relative à la nationalité, sont français les enfants ayant au moins un parent français, ainsi que les enfants nés en France d'un parent né également en France. Sont encore français tous les enfants nés en France, s'ils n'ont aucune autre nationalité (parce que nés de parents inconnus, ou de parents apatrides), ou encore parce qu'ils n'ont pas droit à la nationalité de leurs parents. Enfin, les enfants adoptés ou recueillis par des Français deviennent ou peuvent devenir, selon les cas, français.

Il est donc exclu qu'un enfant né ou même simplement élevé en France soit privé de nationalité. Cela ne veut pas dire pour autant qu'il aura droit à la nationalité correspondant à ses origines familiales et géographiques. Ainsi, il pourra arriver qu'un enfant né en

France d'une mère étrangère et d'un père inconnu soit français parce que la loi nationale de la mère ne lui confère pas sa nationalité. De ce point de vue également, le droit de l'enfant à son identité est mis en échec.

Le droit à la nationalité de l'enfant peut encore être contredit par une adoption internationale. Si cette adoption est souvent une réponse adéquate pour des enfants abandonnés dans leur pays d'origine, ou dont les parents consentent sans équivoque, elle peut aussi entraîner des trafics d'enfants, et des déracinements préjudiciables. Des difficultés surgissent, en particulier, lorsque les pays d'origine de ces enfants refusent toute espèce d'adoption (pays musulmans) ou ignorent l'adoption plénière telle que la connaît le droit français. En principe, la validité du consentement à adoption est appréciée par les tribunaux français selon la loi nationale de l'enfant adopté. De plus, les familles adoptant un enfant étranger doivent demander un agrément à l'ASE, comme pour adopter un Français. Aucun déracinement intempestif ne devrait donc être constaté. En réalité, face à certaines situations de blocage, des détournements de procédure sont constatés, des adoptions réalisées à l'étranger dans des conditions incontrôlables. La situation actuelle est complexe et douloureuse, les intérêts des différents protagonistes et des Etats en cause étant contradictoires, voire conflictuels.

Quant à l' « intérêt supérieur de l'enfant », qui devrait guider la solution de ces litiges, il est bien difficile de savoir s'il consiste à être intégré le mieux possible dans la communauté française, ou à conserver des liens avec son pays d'origine ?

3° L'enfant a-t-il un quelconque *droit de choisir* son nom et sa nationalité, peut-il faire entendre sa voix sur ce sujet ? La réponse à cette question doit être nuancée.

L'enfant légitime n'a aucun choix quant à son nom qui est obligatoirement celui de son père, le mari de sa mère. Un enfant qui portait le nom de sa mère peut se voir reconnu par un homme qui se marie ensuite avec sa mère. Il doit alors changer de nom même s'il est déjà âgé.

Par contre, l'enfant naturel a un certain champ de liberté. Ainsi l'enfant de plus de quinze ans est-il appelé à donner son accord si ses parents décident, alors qu'il portait jusque-là le nom de sa mère, de lui faire porter celui de son père (art. 334-2 C. civ.). De même, il peut, pendant les deux années qui suivent sa majorité, demander au tribunal de changer de nom (art. 334-3 C. civ.). Mais, paradoxalement, si une instance en changement de nom est intentée devant le tribunal de grande instance par l'un de ses parents pendant sa minorité, il n'est pas prévu qu'il donne son avis, quel que soit son âge.

Enfin, naturel ou légitime, l'enfant mineur n'a pas à donner son accord si ses parents décident de lui faire porter le « nom d'usage » composé des patronymes de ses deux parents. Et, inversement, il ne peut pas non plus décider de son propre chef de porter ce double nom.

Sur la nationalité, en revanche, l'enfant a un pouvoir plus important. Toute une série de dispositions du Code de la nationalité permettent à l'enfant de réclamer ou de décliner la nationalité française avant sa majorité. Mais il faut qu'il ait l'accord de ses parents (V. art. 45, 52, 53 C. nat.).

Notons, enfin, que la Convention de l'ONU prévoit un droit à la spécificité culturelle pour les enfants de minorités ethniques. La France a émis des réserves concernant cet article lors de sa ratification, car l'unité de la République et sa laïcité s'opposent à la reconnaissance de minorités ethniques. Cette question n'a, en fait, rien de spécifique aux droits des enfants : il s'agit d'un doublet des droits de l'homme en général.

B) *L'autonomie patrimoniale de l'enfant.* — Comme toute personne, l'enfant a un patrimoine distinct de celui de ses parents. Cette autonomie patrimoniale n'est pas toujours perçue, tout d'abord parce que l'enfant n'a généralement pas de ressources en dehors de celles que lui procurent ses parents. A cet égard, il faut noter qu'il n'existe aucune obligation pour les parents de donner de l'argent « de poche » à leur enfant. Tant qu'ils sont mineurs, les parents doivent subvenir à ses besoins, mais l'enfant n'a aucun droit au superflu, ni à effectuer lui-même une partie des dépenses utiles le concernant.

Il peut arriver cependant que des mineurs aient un certain patrimoine : les deux hypothèses pratiques sont, d'une part, le cas où l'un de ses parents est décédé, laissant l'enfant comme héritier et, d'autre part, l'enfant victime d'un accident qui perçoit une indemnité plus ou moins substantielle. Ce sont alors les parents (ou le parent survivant) qui sont chargés d'administrer son patrimoine.

Gérant les biens de l'enfant, ses parents ne peuvent pas pour autant en disposer à leur guise : nous verrons dans la section consacrée à l'incapacité juridique de l'enfant les limites relativement étroites de leurs pouvoirs.

L'autonomie patrimoniale de l'enfant a aussi une version passive, c'est-à-dire que l'enfant peut se trouver débiteur, par exemple, parce qu'il a causé des dommages à un petit camarade au cours d'un jeu. Si l'accident n'est pas pris en charge par ses parents et leur assurance (V. section suivante), l'enfant peut être considéré comme personnellement tenu de réparer les dommages. Or, la dette de l'enfant n'est pas celle des parents. Dans l'immédiat, faute de ressources, il ne pourra pas se voir contraindre à payer l'indemnité. Mais cette dette demeure dans son patrimoine et il pourra se voir poursuivre dès que, jeune majeur, il acquerra des ressources professionnelles.

L'enfant a, certes, un nom, une nationalité, un patrimoine qui lui sont propres. Pourtant, la personnalité juridique de l'enfant a peine à s'affirmer ; elle reste plus ou moins dépendante de la famille, qui a tendance à l'englober, à ne pas permettre son émergence comme liberté autonome. C'est que la personnalité juridique, privée de son outil juridique qu'est la capacité juridique, n'a guère de moyens de s'exprimer.

II. — L'incapacité juridique de l'enfant

L'enfant mineur est un incapable, c'est-à-dire qu'il ne peut pas lui-même exercer ses droits. Assez logiquement, cette incapacité s'atténue au fur et à mesure que l'enfant devient adolescent.

1. **Le régime général de l'incapacité des mineurs**. — L'enfant est mineur jusqu'à l'âge de dix-huit ans. Jusqu'à son dix-huitième anniversaire, il est donc juridiquement incapable.

L'incapacité de l'enfant est d'abord civique : il n'est ni électeur ni éligible. Les conseils municipaux d'enfants sont une expérience très riche d'écoute et de concertation, mais n'ont aucune existence légale.

Au plan civil, l'incapacité du mineur est une incapacité de protection : elle a été instituée dans son intérêt exclusif, parce que l'on ne veut pas qu'il puisse être tenu par des engagements pris sans discernement. Remarquons immédiatement un paradoxe : on tient le mineur pour incapable au niveau des contrats et on lui interdit d'en passer, mais on retient, à l'inverse, sa responsabilité civile et pénale quand il commet des fautes. La logique voudrait pourtant que son incapacité le protège aussi contre les conséquences de ses imprudences.

L'incapacité du mineur est dite « d'exercice » parce que l'enfant mineur peut parfaitement être titulaire de droits et d'obligations, mais qu'il est seulement privé de la faculté de les exercer lui-même : ces droits sont mis en œuvre, en son nom, par son représentant légal.

L'incapacité du mineur pose donc deux questions :

— que se passe-t-il si un mineur passe un acte juridique ?
— comment sont exercés ses droits et obligations ?

A) *Le sort des actes passés par un mineur.* — Normalement, un acte passé par un incapable (mineur ou majeur aliéné mis sous tutelle) est nul. L'incapacité du mineur étant destinée à le protéger, il s'agit de ce que l'on appelle une nullité relative, c'est-à-dire que seul le mineur (ou son représentant) peut demander au tribunal l'annulation de l'acte. Par ailleurs, cette nullité peut être confirmée, c'est-à-dire que le mineur, une fois devenu majeur, peut en quelque sorte ratifier l'acte en l'exécutant spontanément. Par exemple, si un mineur achetait à crédit une moto, et continuait de payer les mensualités après son accession à la majorité, on considérerait qu'il a tacitement confirmé son achat à crédit[1].

Si la nullité est prononcée, elle est rétroactive, c'est-à-dire que l'acte est censé n'avoir jamais été passé : ainsi, dans l'exemple cité plus haut, si le mineur fait annuler l'achat, il restitue la moto et le vendeur doit lui rendre toutes les sommes perçues. Mais le cocontractant du mineur ne peut exiger que ce qui a « tourné au profit » du mineur : si le mineur a dépensé l'argent provenant du contrat, l'autre partie n'a aucun recours (art. 1312 C. civ.).

Tous les actes passés par les mineurs ne sont cependant pas nuls. Malgré une certaine imprécision des textes, on peut distinguer trois catégories d'actes :

— ceux que le représentant légal du mineur n'aurait pas pu faire sans autorisation (par exemple vente

1. V. pour un contrat de travail, Cass. Soc., 16 février 1979.

d'immeuble, emprunt...). Accomplis par le mineur seul, ces actes sont nuls ;

— les actes que « la loi ou l'usage » autorise le mineur à accomplir seul (art. 389-3 C. civ.), comme les courses d'alimentation effectuées au sortir de l'école, ou l'achat de vêtements par des adolescents. Ces actes sont parfaitement valables ;

— les actes qui ne sont compris ni dans la première ni dans la seconde catégorie sont « rescindables pour lésion », c'est-à-dire qu'ils peuvent être annulés dans la seule mesure où ils sont préjudiciables au mineur (art. 1304 s. C. civ.). Ce problème a pu être posé, par exemple, à propos de contrats passés par de jeunes vedettes de la chanson.

Il faut enfin ajouter que certains actes obéissent à un régime juridique spécifique : ainsi existe-t-il des règles spéciales pour le mariage d'un mineur, pour son apprentissage, etc. Ces actes étant, le plus souvent, faits par des adolescents seront vus dans le paragraphe suivant.

Ce régime de protection, paradoxalement, ne concerne pas les agissements les plus graves du mineur. En effet, il ne s'applique qu'aux actes juridiques, c'est-à-dire aux opérations faites volontairement pour produire un effet juridique : par exemple aux contrats.

L'incapacité du mineur ne l'empêche absolument pas de s'engager lorsqu'il commet ce que le juriste appelle un délit ou un quasi-délit. Il peut s'agir d'un accident de mobylette, d'un coup donné lors d'un jeu un peu brutal, d'une grange incendiée, ou, dans des cas particulièrement graves, d'un jeu avec une arme à feu qui se termine tragiquement. En semblable hypothèse, le mineur est, en principe, civilement responsable des dommages causés, même si son jeune âge le privait de discernement[1]. Par contre, sa responsabilité pénale est très sérieusement atténuée (V. la dernière section de ce « Que sais-je ? »). Dans la plupart des hypothèses, les parents, ou les établissements scolaires, seront responsables du dommage causé par leur enfant, en application de l'article 1384, C. civ. Ce sont alors eux qui devront indemniser la victime. Le débat sur la responsabilité des parents, ou de l'école, a alors tendance à occulter celui sur la responsabilité de l'enfant. Ecole ou parents étant souvent assurés, la victime s'adressera à eux pour obtenir réparation. Pourtant il peut arriver que ni l'école, ni les parents, ni personne, ne soit tenu d'assumer le préjudice causé par l'enfant. Celui-ci sera alors seul tenu d'indemniser la victime, sur son patrimoine actuel ou futur. Certaines « bêtises » d'adolescents pèsent ainsi très lourdement sur leur vie d'adulte.

B) *Le représentant légal du mineur.* — Ne pouvant accomplir lui-même les actes juridiques nécessaires à l'administration de son patrimoine, l'enfant va être représenté par une personne capable. Les représentants légaux du mineur sont, en principe, ses parents. Normalement, ce sont les titulaires de l'autorité parentale (que nous verrons au prochain chapitre) qui sont également les administrateurs légaux des biens de l'enfant, et qui, à ce titre, exercent ses droits en son nom et pour son compte. Ainsi, par exemple, vont-ils demander la délivrance d'une carte d'identité, ouvrir un livret de caisse d'épargne, etc., pour l'enfant.

Si les deux parents exercent en commun l'autorité parentale, ils sont également tous deux administrateurs légaux et représentants légaux de l'enfant.

1. Ass. plénière de la Cour de cassation, 9 mai 1984, cinq arrêts, *D*, 1984, 525).

A cet égard, de nombreux formulaires, en particulier scolaires, visant « le » représentant légal, devraient être mis en conformité avec la législation actuelle. Car c'est seulement depuis une loi du 23 décembre 1985 que les deux parents sont tous deux et à égalité représentants légaux de l'enfant. Jusque-là, même lorsque les parents exerçaient en commun l'autorité parentale, le père seul était administrateur légal... ce qui ne laissait pas de poser des problèmes dans la vie courante, même pour des démarches aussi banales que celles évoquées plus haut.

Cette situation concerne tous les parents mariés, ainsi que les parents non mariés ou divorcés lorsqu'ils exercent en commun l'autorité parentale. L'administration légale est alors dite « pure et simple » ; les parents accomplissent séparément les actes courants et ensemble d'un commun accord les actes graves concernant l'enfant. A titre d'exemple, l'ouverture d'un livret de caisse d'épargne est un acte courant. Au contraire, l'accord des deux parents est nécessaire pour vendre ou pour confier à un agent de change des valeurs mobilières appartenant au mineur. Enfin, les actes les plus graves nécessitent, outre l'accord des deux parents, celui du juge des tutelles : c'est le cas des ventes d'immeuble ou des transactions avec une compagnie d'assurances sur le montant d'une indemnité due à leur enfant à la suite d'un accident subi par ce dernier (art. L 211-15 C. assurances).

Enfin, les parents sont comptables de leur gestion : ils doivent rendre à leur enfant, dans les trois mois de sa majorité, les comptes de l'administration légale.

Lorsque l'autorité parentale est exercée par un seul parent, ce qui est le cas pour les enfants orphelins, ou naturels, ou encore parfois après le divorce des parents, l'administration légale est dévolue à ce parent. Mais elle est alors sous contrôle judiciaire : c'est-à-dire que tous les actes graves nécessitent l'accord du juge des tutelles.

Pour rémunérer leur administration, les administrateurs légaux ont le droit de jouissance légale des biens de leurs enfants : c'est-à-dire qu'ils peuvent encaisser ses revenus et les dépenser pour leurs propres besoins, après avoir, toutefois, satisfait ceux de l'enfant (art. 383 C. civ.). Certains biens, tels les salaires des enfants, sont néanmoins exclus de cette jouissance légale. Et la jouissance légale s'éteint lorsque l'enfant atteint seize ans (art. 384 C. civ.).

Enfin, lorsque aucun parent ne peut exercer l'administration légale, parce qu'ils sont décédés ou inconnus, ou qu'ils ont été déchus de l'autorité parentale, ou encore qu'ils ont fait preuve de leur incompétence en tant que gestionnaire, le juge des tutelles désigne un conseil de famille qui élira un tuteur. Le tuteur représentera l'enfant pour les actes courants. Il devra se munir de l'autorisation du conseil de famille pour les actes graves. Mais, le plus souvent, il s'agit de familles déshéritées ou disloquées où l'organisation de la tutelle est impossible. La tutelle est alors déférée à l'Etat en la personne du préfet. Concrètement, elle sera exercée par un délégué de tutelle qui sera souvent le directeur de l'établissement où l'enfant est placé. Et il y a encore un autre régime, également administratif, pour la tutelle des pupilles de l'Etat ! Notons enfin qu'il est possible de dissocier la tutelle à la personne (qui est à peu près l'équivalent de l'autorité parentale) de la tutelle aux biens et de les confier à des personnes différentes. L'enchevêtrement entre règles civiles et administratives est parfois complexe.

D'après une enquête auprès de l'ensemble des juges des tutelles de France, ces dispositions relatives à l'administration légale des biens des mineurs seraient en partie inappliquées. Ainsi est-il fréquent, lorsqu'un parent décède, que l'inventaire des biens dévolus à l'enfant ne soit pas fait. Il est encore beaucoup plus courant que des parents transigent avec une compagnie d'assurances au nom de leur enfant sans l'autorisation du juge des tutelles. Enfin, les comptes d'administration légale ne sont pas toujours réclamés ni rendus[1]. Ces dysfonctionnements proviennent de ce que les parents ne perçoivent pas très bien la différence entre leur patrimoine et celui de leur enfant, ni l'articulation, il est vrai assez subtile, entre leur devoir d'entretenir l'enfant et leur droit de jouissance légale sur ses biens.

2. **L'autonomie progressive de l'adolescent.** — Qu'un enfant proche de la majorité ne se gouverne et ne se traite pas comme un bébé est une évidence. Encore faut-il la traduire en termes de droit.

Notre système juridique connaît une procédure par laquelle un jeune peut se voir reconnaître la capacité juridique avant l'âge normal de la majorité : c'est l'émancipation. Mais cette solution extrême reproduit, à un âge encore plus tendre, la dialectique du « tout ou rien » qui n'est pas forcément la plus adaptée aux nécessités concrètes. Il serait mieux venu de reconnaître à l'adolescent une capacité progressive, c'est-à-dire de prévoir des « paliers » l'amenant par étapes à la pleine capacité. Le droit français n'ignore pas ce genre de dynamique, mais force est de reconnaître que les dispositions législatives sont dispersées, lacunaires, et parfois incohérentes.

A) *L'émancipation.* — Elle a deux sources : l'émancipation légale vise les mineurs qui se marient. L'émancipation judiciaire est prononcée par le juge des tutelles à la demande d'au moins l'un de ses parents.

1° *L'émancipation par mariage* est assez rare : les hommes ne peuvent pas en principe se marier avant l'âge de dix-huit ans, c'est-à-dire avant leur majorité. Quant aux femmes, elles peuvent, certes, avec l'autorisation de leurs parents, se marier dès quinze ans (v. art. 144 C. civ.), mais il est relativement rare qu'elles le fassent.

1. Enquête réalisée par M. Thierry Fossier en 1990 (citée au Colloque du LERADP, *L'enfant, la famille et l'argent,* LGDJ, 1991).

Quoi qu'il en soit, le législateur a considéré que le mariage était incompatible avec l'autorité que les parents auraient continué d'exercer sur le conjoint mineur, et l'on ne peut que l'approuver.

La difficulté actuelle concerne plutôt les mineurs qui ont eux-mêmes des enfants sans être mariés. En pratique, il s'agit des jeunes mères qui sont titulaires de l'autorité parentale sur leur bébé, alors qu'elles sont encore sous celle de leurs propres parents. Il y a là une sorte de cascade d'incapacités qui peut être source de difficultés. Nous verrons que certains actes peuvent d'ailleurs être effectués par les parents mineurs sans l'intervention de leurs propres parents (*infra*, B).

2° L'*émancipation par décision du juge des tutelles* à la demande des parents est moins rare. Elle suppose que l'enfant ait atteint l'âge de seize ans au moins. Le juge prononce l'émancipation s'il estime qu'il y en a « de justes motifs » : ceux-ci peuvent être le souci de faciliter le partage d'une succession échue au mineur, mais aussi une demande d'organisme locatif refusant de louer un appartement à un mineur, ou même le désir des parents d'échapper à leur responsabilité civile lorsque le mineur est délinquant.

L' « intérêt supérieur » de l'enfant ne devrait-il pas être le seul critère de l'émancipation ?

L'émancipation n'assimile pas totalement l'enfant à un majeur : il lui demeure interdit de se marier et d'être adopté sans l'autorisation parentale, ainsi que d'être commerçant.

Les plus vives critiques concernant l'émancipation sont relatives à la place qui est faite au mineur dans la procédure : non seulement il n'a pas le droit (contrairement à ce que beaucoup croient) de demander lui-même à être émancipé, mais il n'est même pas prévu qu'il soit auditionné par le juge avant d'être émancipé ! Ce sont les traces d'une ancienne conception de l'émancipation qui était, avant 1974, une prérogative de la puissance paternelle, non contrôlée par le juge. En pratique, la plupart des magistrats auditionnent l'enfant. Beaucoup même, lorsqu'ils sont saisis d'une demande directe du mineur, convoquent ses parents afin de voir si ces derniers n'accepteraient pas de reformuler en leur nom la demande exprimée par leur enfant. Ce point devrait d'ailleurs très prochainement être réformé[1].

B) *La capacité progressive de l'adolescent*. — Elle est d'ores et déjà reconnue par le droit, mais mériterait d'être élargie et mieux organisée.

1° *Une certaine capacité* est reconnue de manière générale par l'article 389-3 du Code civil, déjà évoqué. Ce texte ne rend pas inutile pour autant des dispositions législatives plus précises en particulier pour les droits à caractère personnel.

a / L'article 389-3 du Code civil permet à l'enfant mineur de contracter seul « dans les cas où la loi ou l'usage autorise le mineur à agir lui-même ». Ce qui est important est la référence à l'usage, qui permet au droit d'être en harmonie constante avec les pratiques. L'ouverture de la règle lui confère un caractère évolutif particulièrement utile dans le monde fort changeant des jeunes. Ainsi ce texte a-t-il permis la participation de jeunes à des associations, tout au moins en tant que membres. Par contre, leur nomination comme membres du « bureau » n'a pas paru permise par l'usage.

L'inconvénient de cette solution est de ne pas assurer parfaitement la sécurité des cocontractants des jeunes : comment, en effet, savoir si un tribunal saisi

1. V. Rapport du Conseil d'Etat dit « Rapport Bouchet » en date de mai 1989 ; v. aussi F. Vauvillé, La pratique de l'émancipation judiciaire, *D*, 1990, p. 283.

d'un éventuel litige admettra l'existence d'un usage permettant au jeune d'agir seul ? Aussi observe-t-on des domaines d'incertitude ou même de blocage.

Par exemple, le régime juridique du contrat de travail passé par un mineur est inadéquat. On admet généralement que l' « usage » autorise le mineur à conclure seul un contrat de travail, et à percevoir lui-même son salaire. Mais on ne peut en déduire que les parents perdent le droit de représenter leur enfant. Ils conservent donc le droit d'interdire à l'enfant de s'embaucher, et d'exiger que l'employeur leur remette son salaire ! En effet, si les parents n'ont pas la jouissance légale des salaires de leur enfant, ils en ont l'administration légale.

Un autre aspect de la question doit être souligné : c'est que les enfants n'ont pas à donner leur accord lorsqu'ils sont embauchés. Cette solution est implicitement reprise dans la loi sur les « enfants mannequins » de 1990.

Malgré ce que pourrait laisser croire la publicité, les banques sont extrêmement prudentes dans leurs relations avec leur jeune clientèle à défaut de savoir avec précision quelles sont les opérations autorisées par l' « usage ». Elles demandent généralement que les parents s'engagent, sauf si les modalités de fonctionnement du compte sont telles qu'il ne peut pas devenir débiteur (compte sans chéquier fonctionnant avec une carte dite « locale »).

b / Devant ces incertitudes et insuffisances, le législateur a prévu des dispositions donnant *plus de liberté au mineur pour contracter ou disposer de ses biens*, ou pour contrôler l'usage qui en est fait.

Une partie importante de ces lois concerne le mineur ayant une activité professionnelle. Ainsi, par exemple, le contrat d'apprentissage doit-il être signé à la fois par le futur apprenti et son représentant légal. Le Code du travail prévoit que le jeune salarié de seize ans est électeur pour la désignation des comités d'entreprise et des délégués du personnel (art. L 420-8 et L 433-3). Il est également admis que le mineur agisse et se défende seul devant le Conseil des Prud'hommes (art. L 516-1 C. trav.). Le Code du travail maritime prévoit que le « novice » ou le « mousse », une fois autorisé par ses parents ou par le tribunal d'instance à embarquer, a la capacité juridique pour toucher son salaire, et pour tous les actes relatifs à son engagement.

Le Code des Caisses d'Epargne permet aux mineurs d'ouvrir eux-mêmes et dès seize ans de gérer eux-mêmes leur livret de Caisse d'Epargne : sur ce livret, les parents ne pourront pas opérer de retrait.

On peut encore citer l'article 904 du Code civil qui permet à un mineur âgé de plus de seize ans de léguer par testament la moitié des biens dont il pourrait disposer s'il était majeur.

Le mineur de seize ans peut également provoquer une réunion du conseil de famille (art. 410 C. civ.). Dans cette hypothèse, sa présence à la réunion sera de droit, mais avec voix purement consultative. Les autres mesures prises pour associer le mineur à la gestion de ses biens sont purement facultatives : ainsi, le tuteur peut-il communiquer les comptes de tutelle au mineur âgé de plus de seize ans (art. 470 C. civ.), mais ce n'est absolument pas une obligation. De même, le jeune peut assister aux réunions du conseil de famille, si le juge des tutelles le juge utile, mais sans voix délibérative (art. 415 C. civ.). On remarque que ces modestes dispositions ne concernent aucunement l'administration légale. Il serait pourtant normal que l'enfant en âge de comprendre soit mis au courant des actes passés sur ses biens. On améliorerait ainsi son éducation, en facilitant la prise en main de son autonomie financière le jour de ses dix-huit ans, et on respecterait son droit de savoir.

De façon générale, on peut regretter que ces mesures n'aient pas un champ d'application plus large : que, par exemple, aucun des différents types de stages ou contrats d' « emploi-formation » proposés aux jeunes ne prévoie le double consentement du mineur et de ses parents ; que le régime du Code des Caisses d'Epargne n'ait pas été étendu aux banques, etc.

c / En ce qui concerne *sa personne,* les droits de l'enfant sont plus importants. Un certain nombre de textes de loi prévoient en effet qu'il ait à donner son accord pour certaines décisions le concernant, ou même qu'il puisse agir seul.

• Dans certains cas, la loi exige le *consentement commun* du mineur et de ses parents. Il est parfois présenté comme une décision des parents à laquelle l'enfant doit donner son accord, parfois comme une démarche de l'enfant assisté de ses parents. En réalité, peu importe qui est à l'initiative de l'opération : il faut, dans tous les cas, réunir l'accord des parents et de l'enfant sur un projet commun.

Ainsi demande-t-on le consentement de l'enfant à son adoption plénière s'il a plus de treize ans (s'il s'agit d'une adoption simple, son consentement n'est demandé qu'à partir de quinze ans). De même, à partir de quinze ans, l'enfant naturel qui portait le nom de sa mère doit consentir à ce que ses parents lui fassent porter le nom de son père (art. 334-2 C. civ.).

On retrouve le même schéma d'accord commun des parents et du mineur dans le cas du mariage du mineur : le mineur ne peut pas se marier sans le consentement de ses parents, mais les parents n'ont pas le droit de marier leur enfant (art. 148 C. civ.).

C'est encore le consentement de l'intéressé(e) et de l'un des titulaires de l'autorité parentale qui est exigé pour l'interruption volontaire de grossesse (art. L 162-7 C. santé publique), pour les prélèvements d'organes sur un mineur (lorsqu'ils sont permis par la loi), pour les déclarations souscrites par un mineur en matière de nationalité, ou lorsqu'un jeune de dix-sept ans souhaite s'engager dans l'armée.

On admet que ce consentement commun du mineur et de ses parents est nécessaire dans tous les contrats portant sur les droits de la personnalité du mineur : par exemple, droit à l'image, droit d'auteur, etc. C'est également le principe en matière de soins médicaux : l'article 43 du Code de déontologie médicale prescrit de demander le consentement personnel des incapables, donc de l'enfant. Mais l'accord des parents est aussi requis, à tout le moins pour les thérapeutiques qui ne sont ni bénignes, ni urgentes.

Lorsque le législateur entend favoriser l'initiative du mineur, il exige seulement l'accord de l'un des deux parents, même pour des actes « graves » qui devraient normalement requérir le consentement des deux parents : c'est le cas du mariage du mineur, ou de l'IVG.

• Dans d'autres cas, enfin, l'enfant mineur a reçu du législateur ou de la jurisprudence le *droit d'agir seul*, malgré sa minorité. On peut d'abord citer la contraception, à laquelle les jeunes filles mineures ont accès librement : pour vaincre les obstacles financiers, il est même prévu que les centres de planning familial délivrent les produits contraceptifs gratuitement aux mineures (art. 4 loi du 28 décembre 1967). Par contre, la loi ne prévoit rien en matière de soins médicaux.

Les mineurs ont également le droit de saisir eux-mêmes le juge des enfants d'une demande d'assistance éducative (art. 375 C. civ.). L'hypothèse n'est pas théorique, les adolescents saisissant assez souvent le juge d'une demande de placement pour fuir un foyer familial devenu insupportable.

La jurisprudence a aussi admis la validité des reconnaissances d'enfant naturel faites par des parents eux-mêmes mineurs. Il serait d'ailleurs extrêmement choquant qu'une mère doive demander à ses propres parents la permission de reconnaître son enfant ! La loi permet à la jeune mère d'agir seule en recherche de paternité naturelle (art. 340-2 C. civ.) et l'on n'a jamais fait obstacle à ce que des mères mineures remettent seules leur enfant à l'ASE à sa naissance ou accouchent « sous X ».

2° *Des critiques et propositions* peuvent être formulées, car cette situation est complexe et préserve insuffisamment les droits des mineurs. On peut tenter de les regrouper autour de deux notions : le droit d'expression et le droit d'action du mineur. Ces deux droits posent le problème de l'avocat ou du défenseur d'enfants.

a / Le droit d'expression du mineur concerne les procès où il est intéressé. Le rapport « Bouchet » de mai 1989 dressait une liste des textes à modifier afin que notre droit soit, sur cette question, en harmonie avec la Convention de l'ONU qui donne ce droit aux enfants, dans son article 12-2. La liste n'est pas très longue, et la réforme urgente, car il n'est pas impossible que la Convention soit déclarée immédiatement applicable en droit interne, ce qui obligerait les juges à entendre les enfants chaque fois que ceux-ci le demanderaient[1] ! Il vaudrait donc mieux qu'un texte précis organise l'exercice de ce droit.

b / Le droit d'action du mineur présente des difficultés encore plus grandes, car il se heurte directement aux principes de l'incapacité juridique du mineur et à ceux de l'autorité parentale. Pourtant, dans certains domaines, l'absence d'un tel droit d'action du mineur se fait cruellement ressentir.

1. Un arrêt de la Cour de Lyon, du 3 avril 1991, et un jugement du TGI de Lille, en date du 14 mai 1991, ont déclaré recevable l'intervention de mineurs dans des procédures de modification de « garde ».

Ainsi, un jeune, même adolescent, ne peut-il pas se faire soigner sans autorisation parentale ni en médecine libérale, ni en médecine hospitalière, ce qui pose de graves difficultés en cas d'inceste ou de maltraitance. Le problème est d'ailleurs complexe car, outre l'incapacité du jeune, il faut relever son absence de couverture sociale autonome. Même si l'on admet que l'adolescent peut, au titre des actes autorisés par l'usage, consulter un médecin, seuls les parents peuvent obtenir de la Sécurité sociale le remboursement de la consultation ! Une réforme législative semble donc indispensable si l'on veut donner au mineur un véritable droit autonome à la santé.

De même, lorsque les parents sont d'accord, l'enfant ne peut contester aucune de leurs décisions, si nocive soit-elle (V. le chap. II sur l'autorité parentale) : la seule « soupape de sécurité » est l'assistance éducative, dont ce n'est pas la finalité normale. Surtout, on peut critiquer le principe d'absence de possibilité pour un mineur de contester les décisions parentales, même aberrantes.

Il faut bien reconnaître que les structures juridiques actuelles — représentation du mineur et autorité parentale — se conjuguent pour paralyser l'exercice personnel de ses droits.

c / Il faut enfin évoquer *la question de la représentation ou de l'assistance de l'enfant devant le tribunal.* Doit-on prévoir systématiquement que l'enfant, entendu par la justice ou la saisissant, soit assisté d'un avocat ? Faut-il imaginer d'autres « défenseurs » que les avocats pour les enfants ? Faut-il que l'enfant soit assisté d'un « administrateur *ad hoc* » pour le représenter dans les procédures, ou peut-il diriger lui-même le procès, aidé de son avocat, comme s'il était juridiquement capable ?

La situation du droit français est actuellement diverse : en matière d'assistance éducative, l'enfant peut se voir désigner un avocat s'il le souhaite ; s'il est délinquant, il doit avoir un avocat ; enfin, lorsqu'il est victime de maltraitance parentale, ainsi que dans des procès civils où ses intérêts sont différents de ceux de ses parents, il se voit désigner un administrateur *ad hoc* qui lui choisit un avocat. Très prudemment, le rapport Bouchet prévoit que le juge puisse, s'il le juge utile, désigner un avocat à l'enfant.

On ne sera guère surpris d'apprendre que les opinions des juges, des avocats et des travailleurs sociaux divergent sur ce point. L'expérience des juges pour enfants a, en tous cas, montré d'une part que la présence facultative des avocats a tendance à se transformer en absence effective, et d'autre part qu'une présence légalement obligatoire qui ne s'accompagne pas de moyens financiers et procéduraux suffisants n'a pas une grande efficacité. Par contre, dans les tribunaux où magistrats, avocats ou collectivités locales ont travaillé ensemble pour mettre au service des enfants des avocats compétents et rémunérés ainsi que des lieux d'accueil et de consultation (Lille, Bordeaux, Paris...), l'expérience a été franchement positive. Autant dire qu'une éventuelle réforme législative ne saurait faire l'économie des moyens propres à former les avocats d'enfants dans un premier temps et à les rémunérer ensuite.

Le problème de l' « administrateur *ad hoc* » nous paraît dépendre du type de litige. Indispensable dans notre système judiciaire si l'enfant est partie au procès (au sens que la technique juridique donne à ce terme : par exemple si l'enfant est partie civile dans un procès pénal), il ne nous paraît utile, dans les autres cas, que si l'âge de l'enfant ou son manque de maturité semble le conseiller. Mais il faudrait que l'enfant puisse provoquer la nomination d'un tel administrateur, ce qui n'est pas possible actuellement.

Quant aux « défenseurs » non avocats, nous avouons personnellement ne pas très bien voir leur place. Devant les juges des enfants, ils se situent mal par rapport aux travailleurs sociaux déjà présents. Dans les procès civils, il semble préférable que l'enfant ait, à l'égal des autres plaideurs, un véritable avocat.

La critique de la situation actuelle se fait d'autant plus vive qu'il existe d'autres systèmes juridiques ne présentant pas ces difficultés. Ainsi, par exemple, la Commission européenne des droits de l'homme, de même que la Cour de justice du Conseil de l'Europe peuvent être saisis par des incapables. Et il est déjà arrivé que des mineurs les saisissent de litiges les opposant à leurs parents, ces derniers se voyant reprocher des atteintes aux libertés fondamentales de leurs enfants. L'exemple est d'autant plus instructif que la jurisprudence de ces hautes instances montre que la faculté donnée aux enfants de saisir un tribunal n'entraîne pas nécessairement une atteinte aux droits d'autorité parentale. Ainsi, une jeune fille de quatorze ans ayant fugué avec son ami, avait intenté un recours parce qu'elle avait été reconduite par la police chez ses parents : la Commission a jugé que la jeunesse de cette mineure et son besoin de protection physique et morale justifiaient la décision des parents[1].

On touche là un autre aspect de la question qui est le degré de liberté personnelle des mineurs. Mais, lorsqu'un jeune souhaite pratiquer une religion librement choisie (ou ne pas pratiquer...), choisir ses ami(e)s de l'un et de l'autre sexe, avoir des relations affectives ou sexuelles, lorsqu'il revendique un droit à la vie privée, à voir sa correspondance respectée... dans toutes ces hypothèses, ce qui est en cause n'est pas l'incapacité du mineur, mais l'autorité qu'exercent sur lui ses parents. C'est dire l'emprise de la famille sur le jeune, que nous allons étudier maintenant.

1. Décision du 19 décembre 1984, Req. 6753/74.

Chapitre II

L'ENFANT DANS SA FAMILLE

L'enfant en bas âge est inséré dans une famille qui assure l'essentiel de ses besoins aussi bien matériels qu'éducatifs et affectifs. L'enfant a besoin de sa famille. Peut-on pour autant dire qu'il existe un droit juridiquement reconnu à une famille ? C'est ce que nous verrons dans une première section.

Au sein de cette famille, la situation de l'enfant doit être précisément définie. Le temps est passé de la *patria potestas* qui donnait au *pater familias* tous les droits sur ses enfants, y compris celui de vie et de mort. L'enfant a des droits dans sa famille, que nous verrons dans une seconde section.

I. — L'enfant a-t-il droit à une famille ?

Répondre à cette question implique de distinguer selon la situation de l'enfant, laquelle entraîne des différences dans son statut juridique. On peut sérier les problèmes selon qu'ils concernent la famille par le sang ou une éventuelle famille d'accueil. Il faudra enfin voir dans quelle mesure l'enfant a le droit de vivre dans sa famille.

1. **L'enfant et sa famille par le sang.** — Actuellement, le droit de l'enfant à voir reconnaître des liens juridiques avec ses parents par le sang est beaucoup mieux assuré lorsque ses parents sont mariés que dans le cas contraire. Ce n'est pas tout à fait illogique : le mariage est une union qui contient promesse d'avoir et d'élever des enfants, ce qu'exprime l'article 203 du Code civil. Rien de semblable n'existe lorsque les parents ne sont pas mariés, même s'ils vivent ensemble. Cette différence est néanmoins contraire à l'article 2 de la Convention de l'ONU, de même qu'à la Convention européenne des droits de l'homme (art. 8), qui prohibent expressément les discriminations entre les enfants fondées sur le « statut juridique » des parents. Pour autant, cette injustice ne sera pas facile à résorber dans notre droit, tant en raison de nos traditions en la matière qu'à cause des spécificités de la situation concrète des parents non mariés.

A) *L'enfant légitime.* — C'est l'enfant dont les parents sont mariés. Il a sa filiation établie par l'acte de naissance mentionnant le nom de sa mère et du mari de celle-ci, qui est considéré comme son père (c'est ce que les juristes appellent la présomption de paternité du mari : art. 312 C. civ.). Aucune démarche n'est exigée de la part des parents. Même si ce n'est pas le père, mais la maternité qui déclare l'enfant à l'état civil, sa filiation est établie.

Il existe un ensemble assez complexe de dispositions législatives et jurisprudentielles concernant l'enfant né d'une femme mariée, dont le père n'est pas le mari. Ainsi, le mari peut désavouer l'enfant s'il prouve son absence de paternité. D'autre part, la mère peut demander que son nom seul soit mentionné dans l'acte de naissance : dans ce cas, si l'enfant n'a pas de « possession d'état » à l'égard du mari, c'est-à-dire si ce dernier ne se comporte pas comme son père, l'enfant n'aura qu'une filiation maternelle naturelle (en fait adultérine).

Enfin, il existe diverses procédures permettant à la mère, au véritable père ou à l'enfant lui-même, de contester le rattachement au mari de la mère s'il ne correspond pas à la vérité (v. art. 312, 313, 313-1, 318, 334-9 et 322 C. civ.). Ces actions ont en particulier l'avantage de permettre à l'enfant, débarrassé de sa fausse filiation à l'égard du mari de sa mère, d'être reconnu par son véritable père (puis, éventuellement, légitimé).

Pour autant, la situation, du point de vue des droits de l'enfant, n'est pas parfaite. D'abord, il faut remarquer qu'une petite partie seulement de ces actions peut être exercée par le principal intéressé : ainsi, le désaveu de paternité est réservé au mari ; la contestation de paternité légitime prévue par l'article 318 du Code civil ne peut être exercée que par la mère et son nouveau conjoint (si elle a divorcé et s'est remariée). De même, lorsque l'enfant a été inscrit sous le seul nom de sa mère mariée, la mère et son mari peuvent faire rétablir la paternité de ce dernier, en prouvant une « réunion de fait » (!) entre les parents rendant vraisemblable cette paternité : cette action n'est pas ouverte à l'enfant lui-même.

En définitive, l'enfant lui-même ne peut exercer que trois types d'actions :

— Celle qui est expressément prévue par le Code civil est l'action en « réclamation d'état », concernant un enfant légitime qui n'a pas été inscrit à l'état civil comme tel. Il peut faire établir sa véritable filiation (v. art. 323, 324 C. civ.). Des règles de preuve assez strictes sont destinées à éviter que l'enfant ne « trouble la paix des familles » par des réclamations peu vraisemblables. Mais, au plan des principes, cette action manifeste le droit de l'enfant de voir sa filiation établie. Il faut cependant noter que les enfants adoptés ne peuvent plus faire établir leur filiation par le sang. Or, les enfants sans filiation juridique sont pratiquement tous adoptés : les réclamations d'état sont donc rarissimes.

— Un second type d'action permet à l'enfant de faire établir sa filiation légitime par la possession d'état. Il s'agira d'un enfant déclaré sous le seul nom de sa mère, mais élevé par la mère et son mari. A supposer que les parents réconciliés n'aient pas songé à demander la rectification de l'état civil de l'enfant, ce dernier devenu majeur pourra le faire.

— La troisième est fondée sur l'article 322 du Code civil qui, selon la jurisprudence récente, permet à l'enfant lui-même de contester sa filiation à l'égard du mari de sa mère. Mais cette action n'est ouverte que si l'enfant n'a pas de possession d'état à l'égard du mari.

L'enfant n'a donc pas toujours la possibilité d'établir sa filiation légitime ; surtout (car ce problème se pose plus en pratique) si le mari de sa mère élève l'enfant, ce dernier ne pourra jamais contester sa paternité, même si elle ne correspond pas à la réalité.

Notons enfin que les enfants naturels peuvent être légitimés par le mariage de leurs parents, ou, si ceux-ci ne peuvent pas se marier, par une décision de justice. L'enfant, quel que soit son âge, n'est pas consulté lors de cette légitimation, qui peut se faire sans son accord.

B) *Les enfants « naturels »*. — Ce sont ceux dont les parents ne sont pas mariés. A leur égard, les règles sont toutes différentes. Relevons tout d'abord que la filiation légitime concernant deux personnes mariées s'établissait simultanément à l'égard des deux parents. Au contraire, la filiation naturelle est « divisible », c'est-à-dire qu'il faut deux actes distincts, l'un pour la filiation maternelle, l'autre pour la filiation paternelle.

Il n'est pas toujours permis d'établir la filiation naturelle d'un enfant. Jusqu'à la loi du 3 janvier 1972, il était interdit d'établir une filiation adultérine, tout au moins à l'égard du parent marié. Cette règle était d'application absolue pour les hommes mariés. Par contre, les enfants nés d'une femme mariée et désavoués par le mari de leur mère conservaient leur filiation maternelle. Cette règle a disparu en 1972 et les enfants adultérins nés avant cette date ont pu et peuvent encore faire établir leur filiation. Mais les enfants adultérins subissent encore des restrictions dans leurs droits successoraux : s'ils viennent « en concours » avec des frères et sœurs légitimes ou le conjoint bafoué, ils n'ont droit qu'à une demi-part d'héritage. Cette règle discriminatoire devrait disparaître en application des conventions internationales déjà évoquées.

Il demeure encore impossible de faire reconnaître juridiquement certaines filiations incestueuses. Si l'enfant est né d'un père et de sa fille ou d'un frère et de sa sœur, il n'est permis d'établir qu'un seul lien de filiation. La solution contraire exposerait à d'inextricables complications, en particulier successorales, sans que l'enfant trouve un grand bénéfice à la révélation de sa situation.

A la différence de l'enfant légitime, il ne suffit pas à l'enfant naturel d'avoir un acte de naissance mentionnant les noms de son père et de sa mère pour que sa filiation soit établie.

1° Le plus souvent, les enfants naturels sont reconnus par leurs parents. La *reconnaissance* est un acte fait par chaque parent, devant un officier d'état civil (ou un notaire), dans lequel il déclare solennellement que tel enfant est le sien. Elle peut être faite à tout moment, dès avant la naissance ou après, sans limitation de délai. Il arrive parfois que des personnes soient reconnues alors qu'elles sont déjà adultes, voire âgées. La reconnaissance est strictement individuelle : on ne demande pas l'avis ni de l'enfant reconnu, ni de l'autre parent. Aussi certaines mères essaient-elles de cacher au père la date exacte et l'endroit de la naissance, afin qu'il ne puisse pas reconnaître l'enfant.

Il faut insister sur le fait que la mère comme le père naturel doivent reconnaître l'enfant s'ils veulent qu'il leur soit officiellement rattaché. D'ailleurs, les mères l'apprennent généralement assez vite : environ 99,8 % des enfants naturels sont reconnus par leur mère, dont 95 % dans l'année de leur naissance. Celle-ci reçoit alors un livret de famille qui lui permet de justifier de sa qualité de mère et de l'identité de l'enfant pour l'inscrire à l'école, lui établir des documents d'identité, etc.

Quant aux pères naturels, ils ne sont que 77,5 % à reconnaître leur enfant, ce qui veut dire qu'environ un quart des pères naturels ne se sentent pas très concernés par la naissance. (Ces chiffres sont extraits du Rapport Bouchet, déjà cité.)

Il est enfin intéressant de remarquer qu'environ un quart des enfants sont reconnus par leur mère avant leur naissance, et à peu près 10 % par leur père (mêmes sources).

La reconnaissance peut être contestée si elle n'est pas conforme à la vérité, par toute personne intéressée, en particulier la mère, l'enfant et... l'auteur de la reconnaissance lui-même. Une reconnaissance fausse effectuée en connaissance de cause signifie que son auteur avait décidé sciemment d'élever comme sien un enfant qui n'était pas de lui : c'est une forme de famille d'accueil (v. B).

Les autres modes d'établissement de la filiation naturelle sont donc tout à fait résiduels, et ne concernent que des hypothèses « pathologiques ».

2° Le second mode d'établissement de la filiation naturelle est la *possession d'état*.

La loi du 3 janvier 1972 avait prévu que l'acte de naissance portant le nom de la mère vaudrait reconnaissance, s'il était corroboré par la possession d'état (art. 337 C. civ.). Puis, une loi du 25 juin 1982 vint décider que la possession d'état, seule, suffirait à établir la filiation des enfants naturels aussi bien à l'égard de leur père que de leur mère. On rappelle que la possession d'état est le fait que l'enfant ait été traité comme tel par ses parents.

La possession d'état est surtout utilisée dans les procès successoraux : il arrive qu'une personne décède sans avoir reconnu un enfant naturel, bien qu'elle l'ait toujours traité comme tel. Ceci se produit surtout pour des enfants adultérins, qui ne pouvaient pas être reconnus avant 1972, et ne l'ont pas toujours été après, souvent par ignorance de la loi nouvelle.

Eu égard aux termes de l'article 337 du Code civil, on aurait pu considérer que la mention du nom de la mère dans l'acte de naissance équivalait à une reconnaissance, sauf s'il était ensuite établi qu'elle n'élevait pas l'enfant. Il aurait donc été inutile que la mère reconnaisse formellement l'enfant.

Adoptée au lendemain de la loi de 1972, cette interprétation a été très vite abandonnée, car elle aboutissait à ce que la filiation maternelle de l'enfant soit établie très souvent avant la paternelle, puisque le père reconnaît fréquemment l'enfant après établissement de l'acte de naissance par les soins de la maternité. Or, cela aurait entraîné comme conséquence que l'enfant naturel se serait vu alors attribuer le nom de sa mère, ce qui n'était pas souhaité. Aussi a-t-on renoncé à faire jouer un rôle à l'acte de naissance de l'enfant naturel.

3° Enfin, il existe aussi des *actions judiciaires en recherche de filiation naturelle*.

A cet égard, il convient de distinguer la filiation naturelle et paternelle.

La recherche de la maternité naturelle obéit à des règles similaires à celles de la maternité légitime (comp. art. 324 et 341 C. civ.) et donc assez restrictives. Elle ne peut concerner que des enfants qui n'ont pas été élevés par leur mère (puisque, sinon, ils ont une possession d'état qui établit leur filiation) et n'ont cependant pas été adoptés ; autant dire qu'elle est rarissime.

Par contre, plus fréquente et plus intéressante est l'action en recherche de paternité naturelle.

Le texte actuel est l'article 340 du Code civil, héritier direct d'une époque où, d'une part, les preuves médicales de la paternité n'existaient guère et, d'autre part, les hommes mariés des classes bourgeoises qui siégeaient aux assemblées législatives avaient une véritable terreur de voir des « intrigantes sans vertu ni vergogne » venir leur imputer la paternité d'enfants ramassés on ne sait où ! Par conséquent, il existe une série de « cas d'ouverture » dans lesquels la mère ou l'enfant doivent se trouver avant même que l'on ne puisse examiner l'éventuelle paternité du défendeur. Ils sont au nombre de cinq : la promesse de mariage (*avant* les relations sexuelles...), le viol ou l'enlèvement, le concubinage, l'aveu non équivoque de paternité, et le fait de s'être comporté comme père de l'enfant, né ou à naître.

L'inconvénient de ce système est évident : même s'il est certain que le père est celui que la mère désigne, la justice refusera de proclamer le lien de filiation en l'absence de l'un des cinq cas. Ainsi, par exemple, lorsqu'une jeune fille « sort » deux ou trois samedis de suite avec le même et unique jeune homme, mais que celui-ci s'est bien gardé de lui promettre le mariage, de vivre avec elle et surtout de manifester le moindre attachement au futur bébé, sa paternité, fût-elle certaine médicalement, ne pourra pas être judiciairement établie[1].

Une fois établi le « cas d'ouverture », il restera encore à prouver le lien biologique de filiation : dans cette perspective, le père prétendu aura souvent recours à une expertise médicale qui peut prouver sa non-paternité mais aussi (parfois à l'encontre de ce qu'il attendait)... sa paternité ! Enfin, la filiation ne

1. Civ. 1re, 5 juillet 1988, *D*, 1989, 227.

sera pas établie si la mère se livrait à la « débauche », ou si elle a eu « commerce avec un autre individu » à moins qu'il ne soit prouvé que ce dernier ne peut pas être le père. Ces dispositions qui font dépendre la filiation de l'enfant d'un jugement moral porté sur la conduite de la mère sont objet de critiques : sans doute étaient-elles fondées à une époque où les preuves biologiques de la paternité n'existaient pas. Aujourd'hui, elles permettent surtout aux défendeurs de jeter la suspicion sur la conduite de la mère, parfois même en suscitant de faux témoignages.

Lorsque la filiation n'est pas proclamée, mais qu'elle paraît probable, le tribunal peut allouer à l'enfant une pension alimentaire (ou subsides). Il peut aussi le faire lorsque plusieurs hommes sont des « pères possibles », si ces derniers ont commis des fautes ou s'ils avaient pris des engagements. Dans ce cas, les pensions sont versées non pas directement à la mère ou à l'enfant, mais à un tiers (notaire par exemple) chargé de les transmettre.

C) *Critiques et prospective.* — Ce bref exposé d'une matière complexe démontre avec évidence que le lien de filiation naturelle ne sera établi que si les parents ont manifesté, à un moment quelconque, une volonté d'accueillir l'enfant. Celle-ci se traduira par la reconnaissance volontaire ou par la possession d'état. Dans le cas d'action en recherche judiciaire de paternité, on retrouve des traces de cette volonté, soit dans l'aveu de paternité, soit dans la participation à l'entretien de l'enfant, soit encore dans le concubinage. Par contre, l'enlèvement et le viol sont plutôt des cas où l'établissement du lien de filiation sanctionne une faute. Mais ils sont plus que marginaux !

Cette construction est cohérente avec le système existant pour la filiation légitime : pour l'enfant légitime, il n'est pas besoin de reconnaissance expresse, parce que le mariage des parents en tient lieu. L'homme qui épouse une femme reconnaît d'avance les enfants qu'elle aura. La volonté des parents s'exprime d'avance, lorsqu'ils sont mariés, alors qu'elle se manifeste au moment ou après la naissance pour les parents non mariés.

Pour logique qu'elle soit, cette règle n'est pourtant pas conforme au principe de non-discrimination entre les enfants selon le statut juridique de leurs parents. La Belgique, qui avait un droit similaire au nôtre, a été condamnée sans équivoque par la Cour européenne des droits de l'homme dans la célèbre *Affaire Marckx* du 13 juin 1979. Mais la France, n'ayant pas été poursuivie, n'a pas jugé utile de modifier sa législation...

Avant de critiquer ou de proposer d'autres formules, il faut cependant bien remarquer que la législation actuelle, en pratique, ne porte guère de préjudice aux enfants naturels. La meilleure preuve en est que la plupart sont reconnus. La possession d'état permet de « rattraper » les cas où des parents n'auraient pas reconnu les enfants, bien qu'ils y soient attachés. Quant aux barrages apportés à l'action en recherche de paternité naturelle, ils n'empêchent pas l'enfant d'obtenir une pension alimentaire. Et le nombre d'actions est très faible (environ 200 par an pour toute la France).

La critique de la situation actuelle, au plan de l'établissement de la filiation (car au plan de ses effets il y a d'autres enjeux : v. section suivante), est donc uniquement fondée sur des principes. Ceux-ci sont au nombre de deux : le principe du droit de l'enfant à voir sa filiation biologique juridiquement reconnue et le principe de non-discrimination entre les enfants ou entre les parents.

Sur le premier point, remarquons que la Convention de l'ONU ne prévoit le droit de l'enfant à connaître ses parents et à être élevé par eux que « dans la mesure du possible ». Or, les frontières de ce « possible » ne sont-elles pas tracées par la volonté des parents et par le respect de leur vie privée ? Que signifie un lien de filiation non corroboré par une certaine affection ? Disons que la variété des réponses que l'on peut entendre à cette question légitime le *statu quo* législatif[1].

Au regard du principe de non-discrimination, au contraire, un relatif consensus s'établit autour de l'idée que l'acte de naissance devrait avoir le même rôle pour les enfants nés de parents mariés ou non. Encore la question se complique-t-elle dès que l'on approfondit tant soit peu le débat. Car ce qui est envisagé serait d'établir par l'acte de naissance la filiation maternelle naturelle en application de l'ancien adage souvent cité : *Mater semper certa est*. Mais il n'est aucunement question de procéder à la même avancée en faveur du père naturel envers qui on conserverait les règles actuelles. Tout au plus est-il proposé de supprimer les « cas d'ouverture » de la recherche de paternité naturelle. Les craintes plus ou moins fantasmatiques de voir la mère indiquer tel père qui lui conviendrait (riche et marié évidemment...) à l'état civil sont encore bien vivaces dans les esprits au moins masculins. On se retrouve alors en face de trois objections :

— la première est que l'égalité des enfants légitimes et naturels n'est guère améliorée... ;
— la seconde tient à l'égalité entre les parents, manifestement méconnue par le système proposé ;
— la troisième a déjà été évoquée à propos du rôle que la possession d'état aurait pu jouer pour les mères, dans le cadre de l'actuel article 337 du Code civil : ce système, fixant la filiation maternelle

1. V. le numéro spécial de la *Lettre de l'IDEF* de novembre 1989 sur la Convention de l'ONU.

avant la paternelle, rend très difficile l'attribution à l'enfant du nom de son père, modèle de référence actuel. L'adoption de la réforme proposée imposerait donc une modification corrélative des règles de collation du nom.

S'agissant enfin des enfants nés de « procréations assistées », il n'existe aucune règle spécifique les concernant dans le Code civil. Il n'y a pas de « vide juridique », mais ces enfants sont régis par les mêmes règles que les autres. Nés dans un foyer marié, ils sont légitimes ; sinon, ils sont naturels. Pour les enfants « produits » avec les gamètes de leurs parents juridiques (cas des FIV homologues et inséminations avec le sperme du mari dites IAC), aucun problème de filiation ne se pose.

Pour les autres, en particulier pour ceux dont le père réel est un donneur de sperme (IAD), la difficulté évidente est que la filiation juridique souhaitée par les parents ne correspond pas à la réalité juridique : il s'agit, en réalité, d'un enfant situé dans une famille d'accueil.

2. **L'enfant dans sa famille d'accueil.** — Il existe différentes formes de familles d'accueil : d'abord, bien sûr, la famille adoptive, mais aussi les « procréations assistées », les « mères porteuses » et les reconnaissances et légitimations de complaisance.

A) *Les reconnaissances et légitimations de complaisance.* — C'est la manière la plus ancienne et la plus simple d'accueillir un enfant. L'homme qui se marie ou, simplement, se met en ménage avec une femme ayant déjà un enfant le reconnaît afin de reconstituer l'apparence — et même la réalité — d'une famille « normale ». Ce procédé présente des avantages et des inconvénients. Lorsque la « greffe prend », le résultat est semblable à une adoption, et certains enfants ainsi légitimés sont élevés par leur « père » avec autant d'affection que ses propres enfants.

Mais il arrive aussi que le ménage ne dure pas. Au moment du divorce ou de la séparation, l'auteur de la reconnaissance lui-même la conteste. Cette situation est extrêmement nuisible à l'enfant qui perd alors non seulement ses droits pécuniaires, mais aussi le nom sous lequel il était connu. Deux mesures ont été mises en place pour limiter, autant que possible, ces reconnaissances à éclipses. La première est législative : la reconnaissance ne peut plus être contestée par son auteur lorsque l'enfant a bénéficié pendant dix ans de la possession d'état à son égard (art. 339 C. civ.). La seconde est jurisprudentielle : la Cour de cassation décide qu'en reconnaissant faussement l'enfant, puis en faisant annuler la reconnaissance, le faux « père » cause à l'enfant un préjudice dont la juste réparation est le maintien de l'obligation d'entretenir l'enfant, malgré la disparition du lien juridique de paternité[1]. Mais cette sanction pécuniaire ne peut réparer le préjudice moral de l'enfant.

B) *Les nouveaux moyens de procréation.* — Il s'agit principalement des opérations d'insémination artificielle avec donneur, auxquelles on ajoutera les « mères porteuses », même s'il ne s'agit pas vraiment de « nouveaux moyens de procréation ».

1° La situation des *enfants nés d'une IAD* ne présente aucune particularité : ils bénéficient soit de la présomption de paternité légitime, soit d'une reconnaissance. Mais cette filiation juridique ne correspondant pas à la réalité biologique est très fragile : l'enfant pourra voir sa filiation paternelle contestée par l'homme qui avait pourtant, consenti à l'insémination

1. Cass., 1re civ., 6 décembre 1988, *D*, 1989, J 317.

de sa compagne ou épouse, voire par la mère, brouillée avec son compagnon. Cette possibilité est souvent présentée comme inadmissible, et plusieurs juridictions, dont la cour d'appel de Paris[1], ont refusé au « père » le droit de revenir sur son accord. Des propositions de loi en ce sens ont été déposées, mais, jusqu'à présent, elles n'ont pas abouti car le problème est fort complexe en réalité :

— D'une part, depuis 1972, le principe du droit français est d'aligner la filiation juridique sur la filiation biologique. Décider le contraire dans le seul cas d'insémination artificielle présenterait le double inconvénient d'introduire une incohérence dans le droit de la filiation et, paradoxalement, d'obliger à démontrer l'inexactitude de la filiation pour empêcher sa destruction ! En effet, il faudrait prouver que l'enfant est bien né d'une insémination artificielle pour empêcher son désaveu ou l'annulation de sa reconnaissance. L'enfant verrait donc proclamer judiciairement son origine « médicale », à moins que le mari ne prouve qu'il n'est pas né de l'insémination artificielle mais des œuvres d'un tiers.

— D'autre part, l'accord du mari ou compagnon de la mère peut être donné dans des circonstances pesant sur sa liberté : il arrive qu'il se sente moralement contraint à consentir à l'insémination pour ne pas priver sa femme des joies de la maternité. L'enfant une fois né, l'homme risque d'être exclu de la relation mère-enfant, et le couple se dissociera. Est-il alors bien de l'intérêt de l'enfant de « bloquer » sa filiation juridique envers cet homme qui ne veut pas de lui et dont chacun sait qu'il n'est pas son père biologique ?

La question mérite d'autant plus d'être posée que la destruction de la filiation entraîne une sanction envers

1. Paris, 29 mars 1991, *GP*, 14 avril 1991, somm., p. 28.

le père versatile, que l'on condamne, à titre de dommages-intérêts, à entretenir l'enfant jusqu'à la fin de ses études. Ce dernier ne subit donc pas de préjudice matériel[1].

2° Pour les femmes, il faut distinguer les « *mères porteuses* » de la « *maternité de substitution* ».

Dans le premier cas, une femme mène à bien une grossesse après transfert d'un ovule ou d'un embryon étranger. Le problème juridique est complexe, en raison de l' « éclatement » de la maternité entre deux femmes. Si la femme qui accouche garde l'enfant, il n'y aura pas de difficulté, bien qu'il n'ait aucun de ses gamètes. Par contre, si elle doit le remettre à la mère génétique, le droit se trouve pris en défaut, mais cette hypothèse ne s'est jamais encore présentée.

Dans le cas de maternité de substitution, il n'y a aucun éclatement de la maternité : simplement, la vraie mère de l'enfant, qui a été inséminée avec le sperme du mari de la femme stérile, a promis d'abandonner l'enfant à sa naissance et de le remettre à son père et à l'épouse de celui-ci. L'illicéité du procédé tient à ce qu'il repose sur une « provocation à abandon » incriminée par le Code pénal (art. 353-1), et à ce qu'il s'apparente à une vente d'enfant lorsque la maternité de substitution est rémunérée. C'est pourquoi la Cour de cassation[2] et le Conseil d'Etat l'ont fermement condamnée. Néanmoins, la filiation des enfants déjà nés ou qui naîtront encore de ce procédé devra être établie. Ces enfants étant reconnus par leur père biologique, il semble conforme à

1. Cass., 1re civ., 10 juillet 1990, *D*, 1990, 517.

2. A notre sens, l'assemblée plénière de la Cour de cassation est allée trop loin dans son arrêt célèbre du 31 mai 1991, en affirmant l'interdiction d'adopter l'enfant, car elle fait peser sur l'enfant les conséquences d'une faute commise par ses parents : il sera, en effet, privé à la fois de sa mère biologique et de sa mère adoptive potentielle. Faut-il redire que le critère de l'adoption est le seul intérêt de l'enfant ?

leur « intérêt supérieur » de pouvoir être élevés par ce dernier, à défaut de leur mère biologique qui les a abandonnés. Il conviendrait donc, dans leur intérêt exclusif, d'accepter de les rattacher à l'épouse de leur père, qui les élève. Cela peut se faire différemment selon qu'elle est ou non mariée avec le père.

Si les parents vivent en concubinage, le père reconnaîtra l'enfant qui est vraiment le sien ; sa compagne reconnaîtra aussi l'enfant qui aura été préalablement déclaré né de mère inconnue. Mais la reconnaissance de la mère d'accueil étant fausse, sa contestation par la véritable mère demeure possible pendant trente ans ! Si les parents d'accueil sont mariés, la technique juridique utilisée est l'adoption. Il est probable que, malgré la condamnation de la Cour de cassation, elle sera encore utilisée, les parents présentant l'enfant comme un enfant adultérin né des œuvres du mari et se gardant bien d'avouer au tribunal le contrat illicite qui les liait à la mère de substitution.

C) *L'adoption.* — C'est le moyen légal pour établir un lien de filiation juridique sans aucun rapport avec la réalité biologique. Elle résulte nécessairement d'un jugement, prononcé par le tribunal de grande instance, qui doit vérifier sa conformité à l'intérêt de l'enfant. Elle peut être prononcée au bénéfice d'un célibataire, ou d'un couple marié, mais pas de deux concubins.

En droit français, il existe deux sortes d'adoption : l'adoption plénière, qui rompt tous les liens entre l'enfant et sa famille d'origine, et l'assimile totalement à un enfant légitime, et l'adoption simple, qui laisse subsister une partie des liens entre l'enfant et sa famille par le sang. Ainsi, l'enfant adopté simplement portera à la fois son nom de famille et celui de ses parents adoptifs.

Les problèmes posés par l'adoption sont très différents selon qu'il s'agit d'enfants abandonnés recueillis par un couple stérile ou d'enfants appartenant déjà à la famille.

1° *Dans l'adoption d'un enfant abandonné*, les difficultés proviennent des tiraillements entre la famille par le sang et la famille qui souhaite adopter l'enfant. La loi prévoit plusieurs hypothèses dans lesquelles l'enfant est adoptable :

— Le ou les parents peuvent expressément consentir à l'adoption en remettant leur enfant à l'Aide sociale à l'Enfance ou à une œuvre agréée. Un délai de trois mois, pendant lequel les parents peuvent rétracter leur consentement, est alors prévu. Cette procédure est impérative pour les enfants de moins de deux ans : pour éviter les trafics d'enfants, la remise directe de l'enfant à la famille adoptive n'est pas permise, ce qui est parfois critiqué.

Passé le délai de rétractation, l'enfant sera « placé en vue de l'adoption » et ne pourra pas être restitué. Les litiges entre les familles sont, dans cette procédure, exceptionnels.

— Par contre, la situation est beaucoup plus confuse pour les enfants qui sont adoptables parce que abandonnés en fait. La loi exige un abandon continu d'au moins un an avant le début de la procédure d'adoption, et la jurisprudence exige que l'abandon soit volontaire : lorsque les parents n'ont pas pu maintenir des relations avec l'enfant, pour des raisons indépendantes de leur volonté, l'enfant ne peut pas être déclaré abandonné. Les difficultés proviennent de ce que ces enfants font souvent l'objet de mesures successives de placement, puis de remise à la famille ; les familles entretiennent avec eux des relations épisodiques, mais suffisantes pour écarter la notion d'abandon. Enfin, il arrive que les familles nourricières où ils ont été placés par l'ASE n'acceptent que difficilement leur adoption. Quand ces tiraillements sont finis, l'enfant est souvent trop âgé pour être adopté.

Ce type d'adoption est actuellement en crise : il y a à peu près dix fois plus de demandes d'adoption que d'enfants adoptables. Qu'il y ait moins d'enfants abandonnés (en raison des progrès de la contraception et de la licéité de l'IVG) est, en soi, une bonne chose. Mais les parents potentiels suggèrent divers assouplissements législatifs : par exemple, permettre la remise directe de l'enfant par ses parents biologiques à la famille adoptive, actuellement interdite pour les enfants de moins de deux ans ; ou encore organiser l'adoption prénatale. Enfin, beaucoup voudraient voir élargir la notion d'enfant abandonné.

Ces sollicitations n'ont pas été entendues. Selon une formule célèbre, l'adoption est destinée à donner une famille à un enfant qui n'en a pas, et non pas un enfant à une famille qui n'en a pas : c'est-à-dire que la pression de la demande d'adoptions ne doit en aucun cas induire la « production » d'enfants adoptables, à quelque niveau que ce soit.

Par ailleurs, il faut avoir conscience que l'enfant est très important pour sa famille par le sang et que le désir de conserver et d'élever cet enfant est l'un des rares ressorts psychologiques susceptibles d'aider des familles défavorisées à s'arracher à leur stratégie d'échec. Il serait donc gravissime de leur enlever cette richesse pour la transférer au profit de familles plus aisées.

Aussi tente-t-on de maintenir les enfants dans leur famille d'origine, tant que cela est compatible avec leur intérêt.

Beaucoup de parents adoptifs se tournent alors vers l'adoption étrangère, qui est actuellement le siège de nombreuses difficultés. Les unes sont juridiques : il est difficile de combiner le système juridique du pays où est né l'enfant et celui du pays où il est accueilli. Les autres sont psychologiques et tiennent au déracinement de l'enfant. L'aspect financier ne peut être passé sous silence : l'existence d'une demande crée un marché. L'enfant adoptable a un coût et est l'occasion de profits, ce qui peut induire des pratiques très douteuses. Il y a, enfin, un aspect géopolitique : les pays du Tiers Monde acceptent de plus en plus mal de se voir ainsi « acheter » leurs enfants, même si les conditions économiques locales rendent leurs chances d'éducation voire même de survie assez aléatoires. La Convention de l'ONU sur les droits de l'enfant est globalement assez hostile à l'adoption internationale d'enfants, qu'elle autorise seulement si l'enfant ne peut pas être élevé convenablement dans son propre pays, à condition de lui donner les mêmes garanties que s'il était adopté dans ce pays d'origine, et sans que cela permette des « profits indus » pour les intermédiaires (art. 21).

2° *L'adoption d'enfants appartenant déjà à la famille* concerne surtout l'adoption par un conjoint des enfants que l'autre a pu avoir de son côté, avant ou même pendant le mariage. Le Code civil favorise ces adoptions en assouplissant les conditions d'âge et de durée du mariage (v. art. 343-2 et 344 C. civ.). L'intérêt de cette procédure est de mieux intégrer l'enfant dans le foyer qui l'élève, d'uniformiser son statut par rapport à celui de ses demi-frères et sœurs, ou même de supprimer les restrictions de droits pécuniaires dont souffre un enfant adultérin. Pourtant, à l'expérience, se sont révélés des inconvénients. Outre les virtualités de détournement de la procédure par les « mères porteuses », le plus grave est le risque de couper l'enfant de ses grands-parents par le sang. Ainsi, en cas d'adoption d'un enfant orphelin de père par le nouveau mari de la mère, les grands-parents, après avoir perdu leur fils, perdent aussi leur petit-fils, qui ne porte plus leur nom et n'est plus leur héritier. Il advient aussi qu'un mari adopte l'enfant de sa nouvelle épouse alors qu'il se désintéresse totalement de ses propres enfants, ce qui est fort mal ressenti par les intéressés. Aussi est-il envisagé de ne permettre qu'une adoption simple dans ce genre d'hypothèses.

3. **Le droit de l'enfant de vivre dans sa famille.** — Ce droit n'est que rarement reconnu par la loi. Il est d'ailleurs symptomatique que la Convention de l'ONU prévoie que les Etats veillent à ce que l'enfant ne soit pas séparé de ses parents contre leur gré (art. 9) : c'est donc la volonté des parents, et non celle de l'enfant, qui est prise en compte.

Le droit, pour les parents comme pour les enfants, d'avoir une vie familiale « normale », c'est-à-dire ensemble, également proclamé par la Convention européenne des droits de l'homme (art. 8 et 12) inspire néanmoins un certain nombre de dispositions éparses dans divers textes, dont le sens commun est qu'il ne faut séparer les enfants de leurs parents que dans la stricte mesure de ce qui est indispensable pour le bien des enfants.

Ainsi, l'article 375-2 du Code civil, relatif à l'assistance éducative, dispose que, « chaque fois qu'il est possible », le mineur doit être maintenu dans son milieu familial.

De même, la loi du 6 juin 1984 décide que, sauf cas d'urgence, un « placement » d'enfant en difficulté ou en danger ne peut être décidé par l'Aide sociale à l'Enfance sans l'accord des parents. En cas de refus de ceux-ci, seule une décision du juge des enfants peut passer outre.

Dans le même esprit, toute mesure de placement d'un enfant doit être périodiquement réexaminée (tous les ans pour les mesures administratives, tous les deux ans pour les judiciaires).

La consécration législative la plus importante du droit des enfants à vivre dans leur famille est le droit au regroupement familial. Conformément à la Convention de l'ONU, et d'ailleurs bien avant son adoption, l'Etat français autorise l'entrée en France des enfants d'étrangers séjournant régulièrement en France. La matière est régie par une ordonnance du 2 novembre 1945 plusieurs fois modifiée (en dernier lieu par la loi du 2 août 1989), qui précise que ces enfants ont droit à un titre de séjour et de travail de même nature que celui de leur parent. En particulier, si l'étranger a pu obtenir le bénéfice d'une carte de résident, ses enfants ont également droit à ce titre. Seuls des motifs graves limitativement énumérés par la loi peuvent justifier le refus de l'accès au territoire français et la délivrance d'un titre de séjour (danger pour l'ordre public, par exemple).

Le Conseil d'Etat a jugé que ces dispositions s'appliquent aussi aux enfants nés d'unions polygamiques[1] : le droit des enfants à une vie familiale « normale » entraîne que leur mère, seconde épouse de l'étranger vivant en France, ne peut pas non plus être refoulée du territoire français.

Le droit des enfants à vivre dans leur famille est cependant mis en échec dans de nombreuses situations dont la plupart, d'ailleurs, résultent du comportement des parents.

Les plus fréquentes concernent les enfants dont les parents vivent séparés. Par la force des choses, l'enfant ne pourra vivre qu'avec l'un d'entre eux. Même si les parents décident d'une « garde alternée » de l'enfant (ce qui n'est d'ailleurs pas conforme à la loi : v. *infra*, Section II), l'enfant ne pourra pas vivre avec ses deux parents, mais avec chacun successivement, ce qui est tout différent. Dans la majorité des cas, l'enfant habitera avec l'un de ses parents, n'ayant de contact avec

1. 11 juillet 1980, *JCP*, 1981, 19629.

l'autre qu'à l'occasion des fins de semaine et vacances scolaires. Le partage de l'autorité parentale entre les parents séparés n'a guère d'incidence sur la vie quotidienne de l'enfant.

Si la dispersion de la famille a une dimension internationale, les difficultés seront encore plus grandes. L'expérience montre que le droit de l'enfant à conserver des liens avec ses deux parents séparés est souvent compromis par l'incompréhension ou la mauvaise volonté des personnes et quelquefois même des Etats.

Cependant, la Convention de l'ONU affirme le droit de l'enfant d'entretenir des contacts avec ses deux parents par-delà les frontières ; d'autre part, de nombreuses conventions bi- ou multilatérales ont pour but d'éviter les enlèvements d'enfants et d'assurer l'efficacité des décisions de justice déterminant « garde » et « droit de visite ». La plus récente est la convention franco-algérienne du 21 juin 1988 qui prévoit à la fois que les décisions judiciaires relatives à la garde doivent accorder un droit de visite transfrontière, et que les Etats contractants s'engagent à assurer le retour effectif de l'enfant à l'issue de l'exercice de ce droit, en sanctionnant pénalement le parent qui retiendrait l'enfant. Ces conventions ont considérablement réduit le contentieux, sans le supprimer totalement cependant.

II. — Les droits de l'enfant dans sa famille

Par la force de la tradition, et aussi par la force des choses, les droits de l'enfant dans sa famille sont construits sur un mode asymétrique : l'enfant, « à tout âge, doit honneur et respect à ses parents » (art. 371 C. civ.) ; « il reste sous leur autorité jusqu'à sa majorité ou son émancipation » (art. 371-1 C. civ.). En contrepartie, l' « autorité parentale appartient aux père et mère pour protéger l'enfant dans sa sécurité, sa santé et sa moralité » (art. 371-2 C. civ.), et « les époux contractent ensemble, par le seul fait du mariage, l'obligation de nourrir, entretenir et élever leurs enfants » (art. 203 C. civ.). Respect et obéissance donc d'une part, nourriture et protection de l'autre. Il est important de redire que le seul fondement de l'autorité parentale est l'intérêt de l'enfant, et que le chapitre relatif à l'autorité parentale comprend aussi les sections relatives à l'assistance éducative, à la délégation et à la déchéance d'autorité parentale, qui réduisent ou suppriment l'autorité parentale lorsque les parents n'en usent pas conformément à sa finalité.

Nous souhaiterions cependant insister sur un aspect plus nouveau de la situation : sur la reconnaissance progressive d'une certaine autonomie à l'enfant, autonomie qui s'affirme nécessairement contre l'autorité des parents. Aussi verrons-nous d'abord l'enfant dépendant de sa famille, puis l'autonomie de l'enfant par rapport à sa famille.

1. **L'enfant dépendant de sa famille.** — La dépendance de l'enfant est d'abord économique, elle est aussi morale et éducative.

A) *La dépendance économique de l'enfant.* — Nous écartons ici volontairement la question des droits successoraux de l'enfant, qui ne concerne généralement que des « enfants » déjà eux-mêmes grands-parents. Relevons seulement que le système de la « réserve » héréditaire donne aux enfants un véritable droit sur le patrimoine de leurs parents, dont ceux-ci ne peuvent pas disposer en faveur d'autrui, sauf pour une petite partie.

Pour les jeunes, la dépendance économique s'inscrit dans le droit par l'obligation d'entretien que les parents assument vis-à-vis de leurs enfants. C'est plus qu'une simple obligation alimentaire : y sont compris non seulement les dépenses liées à la survie de l'enfant (nourriture, vêtements, logement), mais aussi tout ce qui est nécessaire pour son éducation : c'est-à-dire les frais d'études.

L'entretien est dû même si l'enfant manque à ses devoirs envers ses parents ; de plus, selon une jurisprudence constante, l'obligation des parents ne s'arrête pas à la majorité de l'enfant, et ceux-ci doivent financer les études jusqu'à leur terme (v., pour le cas où les parents sont divorcés, l'article 295 du Code civil).

Les magistrats sont rigoureux avec les parents : ceux-ci ne peuvent pas choisir les études qu'ils doivent financer ; ils ne peuvent pas obliger les enfants majeurs à habiter chez eux pour réduire les frais ; ils sont tenus d'assumer aussi l'entretien éventuel du ménage de leur enfant, si celui-ci a jugé bon de se marier et d'avoir des enfants (dans ce cas, les frais sont partagés entre les deux familles). Les seules limites à cette obligation tiennent d'une part aux facultés contributives des parents, et d'autre part à l'obligation imposée au jeune de travailler sérieusement et d'avoir des résultats raisonnablement satisfaisants. Enfin, lorsque les diplômes de l'enfant lui donnent la possibilité d'exercer le métier choisi, il doit entrer dans la vie active et ne peut rester un éternel étudiant[1].

L'obligation d'entretien pèse sans distinction sur les parents légitimes et naturels. Par contre, les grands-parents n'y sont pas tenus : ils ont seulement une obligation alimentaire à l'égard de leurs petits-enfants, qui est subsidiaire à celle des parents, c'est-à-dire qu'elle « prend le relais » lorsque les parents ne peuvent pas entretenir l'enfant.

Si les parents sont séparés ou divorcés, une pension

1. V. Hauser, *L'obligation d'entretien des jeunes majeurs*, Colloque du LERADP, LGDJ, 1991.

alimentaire sera versée par le parent chez qui l'enfant ne réside pas habituellement à l'autre. En fait, seuls les pères sont tenus par ces pensions : quand un père a la « garde » d'un enfant, il est rarissime que la mère lui verse une contribution à l'entretien de l'enfant.

Les pensions sont fixées dans le jugement de divorce s'il y en a un, et par le juge d'instance dans les autres cas. Elles sont toujours révisables, suivant les ressources du débiteur et surtout les besoins de l'enfant. Toute convention à leur sujet entre les parents n'a de valeur juridique que si elle est agréée par le juge, car il s'agit des droits de l'enfant, dont les parents ne sont pas maîtres. Ainsi, lorsqu'une femme renonce, au moment du divorce, à demander une contribution au père, cette renonciation n'ayant aucune valeur ne l'empêche pas par la suite de demander une pension.

Le non-paiement des pensions fait l'objet d'un contentieux considérable : on estime à 60 % le nombre de pensions impayées ou irrégulièrement versées. Pour remédier à cette situation, diverses mesures ont été prises : la première est la possibilité pour la mère de se faire payer directement la pension par l'employeur du père. Est également prévu le recouvrement des pensions par le Trésor public, avec une majoration de 10 %. Puis fut créé en 1982 un système de recouvrement des pensions alimentaires par les Caisses d'Allocations familiales. Celles-ci versent à la mère une allocation dite « de soutien familial », en contrepartie de laquelle elles reçoivent à la fois le droit et la mission de procéder elles-mêmes au recouvrement des pensions sur les débiteurs récalcitrants.

Enfin, il existe une sanction pénale, le délit d'abandon de famille, puni de trois mois à un an de prison et de 500 à 20 000 F d'amende (art. 357-1 C. pén.).

L'expérience des CAF a mis en lumière un certain nombre de phénomènes insoupçonnés jusqu'alors, qui expliquent en partie le non-paiement ou l'inefficacité des moyens coercitifs : par exemple, il arrive que les CAF renoncent à recouvrer les pensions, eu égard aux très faibles ressources des pères. Des études sociologiques ont révélé que les pensions les plus faibles sont aussi les plus irrégulièrement payées. Les CAF ont aussi constaté que les mères refusent parfois d'utiliser les voies de droit, soit par crainte de représailles, soit par reste d'affection[1].

Il faut admettre aussi le caractère intolérable que prend l'obligation de contribuer quand elle concerne un enfant avec lequel les liens affectifs sont rompus. Favoriser les contacts entre le père et ses enfants malgré la séparation est certainement aussi une manière de lutter contre le non-paiement des pensions : l'aspect pécuniaire des devoirs parentaux ne peut pas être dissocié des dimensions morales et éducatives.

B) *La dépendance éducative de l'enfant.* — Elle se traduit juridiquement par l'*autorité parentale.* Le terme d'autorité parentale fait aujourd'hui l'objet d'une contestation, de la part de ceux qui proposent qu'on lui substitue celui de responsabilité parentale[2]. Le terme, sinon le concept d'autorité, est, selon eux, trop centré sur les parents et leur pouvoir. La notion de responsabilité mettrait mieux en lumière le caractère primordial de l'intérêt de l'enfant. Mais cette critique est à son tour critiquée par ceux qui voient dans la responsabilité une vision réductrice de la fonction des parents, qui ont un rôle dynamique à jouer dans l'éducation de leur enfant. De toute façon, le contenu actuel de l'article 371-2 du Code civil est en parfaite harmonie avec l'article 5 de la Convention de l'ONU[3] : depuis 1970, il s'agit d'un « droit-fonction », c'est-à-dire d'un pouvoir qui doit être exercé dans l'intérêt de quelqu'un d'autre que son titulaire : ici l'enfant.

1° L'autorité parentale comprend les « *droit et devoir de garde, de surveillance et d'éducation* » (art. 371-2 C. civ.). La « garde » implique le droit de déterminer l'endroit où est l'enfant, donc son domicile, et aussi de l'autoriser — ou non — à se déplacer. Ainsi le titulaire de l'autorité parentale a-t-il seul pouvoir pour autori-

1. V. Choquet, exposé au Colloque du LERADP, préc.
2. Le terme de responsabilité parentale est notamment utilisé par la recommandation du Conseil de l'Europe n° R (84)4 du 28 février 1984.
3. V. Rozenczveig, *Les droits de l'enfant en France*, p. 130.

ser un enfant à sortir du territoire national. L'enfant ne peut pas quitter de son propre chef la maison familiale (art. 371-3 C. civ.) où il est domicilié de droit (art. 180-2 C. civ.). On peut aussi rattacher à la « garde » le droit qu'ont les parents de faire soigner leur enfant, d'autoriser des opérations chirurgicales, etc.

La « surveillance » se passe de commentaire, sauf à préciser que le droit français ne reconnaît à l'enfant aucun « droit au secret » par rapport à ses parents. A cet égard, la portée de l'article 16 de la Convention de l'ONU, prévoyant le respect de la vie privée de l'enfant, est incertaine : il ne semble pas que l'exercice du droit de surveillance des parents soit l'une des « immixtions arbitraires » qu'elle interdit. Il est cependant proposé actuellement de donner plus de droits aux adolescents, par exemple le droit au secret de la correspondance. En effet, à l'heure actuelle, le droit civil permet aux parents d'ouvrir la correspondance de leurs enfants[1], même si des instructions ministérielles prévoient que les services postaux ne doivent pas leur remettre le courrier de l'enfant.

Quant à l' « éducation », elle implique que les parents disposent de la liberté de leurs choix éducatifs : ce sont donc les parents qui veillent à l'orientation scolaire des enfants, choisissent les établissements laïcs ou confessionnels, inscrivent les enfants au catéchisme, décident de la poursuite ou de l'arrêt des études. La seule limite à leur pouvoir est que cette éducation ne soit pas « gravement compromise » ou que l'enfant ne soit pas en « danger » : dans ces seuls cas, une mesure d'assistance éducative pourrait être prise par le juge des enfants.

A ces prérogatives quotidiennes, il ne faut pas ou-

1. V. Paris, 4 octobre 1990, *D*, 1991, J 286, note critique Garé.

blier d'ajouter des actes graves, par lesquels d'ailleurs les parents abdiquent parfois l'autorité parentale : autorisation de se marier, consentement à son adoption, demande d'émancipation. Il faudrait encore évoquer le pouvoir de donner à l'enfant ses prénoms, de décider qu'il portera le « nom d'usage » de ses deux parents, etc.

La toute-puissance des parents connaît cependant des limites : ainsi, par exemple, ne peuvent-ils imposer certains actes graves tel le mariage, ni autoriser le prélèvement d'organes ou des essais thérapeutiques sur leur enfant (sauf dans les cas limitativement prévus par la loi). On remarque aussi dans les textes l'absence de « droit de correction » des parents. Les châtiments corporels ne sont nullement permis, mais seulement tolérés par la jurisprudence dans la seule mesure où ils ne causent à l'enfant aucun dommage physique ni moral.

La version passive de l'autorité parentale est la *responsabilité civile* des parents du fait des dommages causés par leurs enfants mineurs. Toutefois, la loi soumet cette responsabilité à plusieurs conditions : que le parent exerce l'autorité parentale, que l'enfant habite avec lui. Et le parent peut dégager sa responsabilité en prouvant qu'il n'a pas commis de faute ni de surveillance ni d'éducation.

2° *La dévolution de l'autorité parentale* fait, encore à l'heure actuelle, l'objet d'une discrimination entre les enfants légitimes et naturels.

a) Pour les *enfants légitimes*, le principe est que les deux parents exercent en commun et à égalité l'autorité parentale. Les actes graves doivent être faits d'un commun accord, les actes usuels sont accomplis par l'un ou l'autre parent qui est « réputé » avoir l'accord de l'autre (art. 372-2 C. civ.).

En cas de désaccord, le Code civil prescrit d'abord le continuité de la pratique antérieure. Mais un parent peut contester cette pratique devant le juge des tutelles qui tranchera après avoir tenté de les concilier. Concrètement, si l'un des parents veut changer l'enfant d'école, et que l'autre s'y oppose, c'est le *statu quo* qui prévaudra d'abord : l'enfant restera dans son école actuelle. Le parent mécontent pourra seulement saisir le juge et essayer de le convaincre. Ce type de litige est très rare. Le plus souvent, lorsque le juge des tutelles est saisi, il s'agit de parents encore mariés, mais séparés de fait qui lui demandent de déterminer avec qui l'enfant habitera désormais. La présence de l'enfant aux débats devant le juge des tutelles n'est pas prévue.

Lorsque les parents divorcent, le jugement de divorce détermine les modalités de répartition des droits et devoirs parentaux envers l'enfant. S'il s'agit d'un divorce par consentement mutuel, ce sont les parents qui choisissent le mode de « garde », mais sous le contrôle du juge ; dans les autres cas, c'est le tribunal qui fixe le sort de l'enfant.

Depuis la loi du 22 juillet 1987, le principe est que l'autorité parentale demeure dévolue conjointement aux deux parents, mais la décision de divorce doit fixer la « résidence habituelle » de l'enfant chez l'un d'entre eux. Le système de la « garde alternée » a donc été condamné, en principe, parce que jugé non conforme à l'intérêt de l'enfant. Néanmoins, il arrive encore que des parents le choisissent avec l'accord du juge, lorsque les circonstances pratiques s'y prêtent.

La résidence habituelle est fixée le plus souvent chez la mère ; le père conserve toutes ses prérogatives d'autorité parentale : ainsi peut-il, par exemple, emmener l'enfant hors de France. Dans ce système, c'est, en principe, aux parents de décider d'un commun accord la périodicité des visites de l'enfant au parent « non résident ». Et, bien entendu, celui chez qui l'enfant ne réside pas doit verser à l'autre une contribution pour l'entretien de l'enfant.

Si l'autorité parentale conjointe ne paraît pas possible, soit parce que les parents sont trop hostiles l'un à l'autre, soit parce que l'un d'entre eux ne le souhaite pas, l'exercice de cette autorité sera dévolue à l'un des parents seul. Le seul critère de décision est alors l'intérêt de l'enfant. (Sur son audition, v. paragraphe suivant.) L'autre parent conserve l'autorité parentale, mais il n'en a plus l'exercice. Ainsi, le parent non « gardien » (terminologie caduque depuis 1987 mais bien commode) peut encore donner un consentement à mariage ou demander l'émancipation de l'enfant. Surtout, il bénéficie des droits de visite et d'hébergement fixés par le jugement de divorce dont il ne pourrait être privé que pour « motifs graves » (art. 288 C. civ.). Concrètement, ce droit s'exerce le plus souvent un week-end sur deux et la moitié des vacances. On signalera d'un mot que le non-respect des mesures relatives à la « garde » et au droit de visite est constitutif du délit de non-représentation d'enfant (art. 357 C. pén.).

Mais le parent qui n'a plus l'exercice de l'autorité parentale ne peut plus gouverner l'enfant dans les démarches quotidiennes : il ne peut plus ni l'inscrire à l'école, ni lui faire établir un passeport, et il n'a pas à donner son accord à son orientation scolaire. Il doit seulement être informé des décisions concernant l'enfant, et il peut toujours agir auprès du juge aux affaires matrimoniales pour contester telle ou telle mesure qui lui paraît inappropriée (arrêt des études, par exemple), voire pour demander un transfert à son profit de l'exercice de l'autorité parentale.

Bien évidemment, le parent non gardien doit quand même contribuer à l'entretien de l'enfant.

On constate, à l'expérience, que beaucoup de pères (car c'est d'eux qu'il s'agit) abandonnent l'exercice de leur droit de visite au bout d'un certain temps. Ce qui est très néfaste pour l'enfant, privé de référence paternelle. Aussi est-il parfois proposé de prévoir un « devoir de visite » à la place du droit actuel.

La législation relative à l'autorité parentale dans le cas de divorce peut être considérée comme globalement satisfaisante : la plupart des (nombreuses) difficultés proviennent beaucoup plus de la mauvaise qualité des relations entre les parents que des défauts de la législation. C'est pourquoi la perspective actuelle est de tenter d'améliorer la compréhension entre les ex-époux par un système de médiation, qui prendrait le relais d'un JAM surchargé de besogne, dont ni la compétence, ni la mission ne sont d'apporter aux parents une aide psychologique pour dépasser leurs conflits dans l'intérêt de l'enfant.

b) Par contre, des carences législatives existent encore dans le domaine de l'autorité parentale sur les *enfants naturels*, pour lesquels le principe est, en effet, que l'autorité parentale est exercée *par la mère* seule, même si le père a reconnu l'enfant. Cette règle qui date de 1970 a été reconduite en 1987, malgré les critiques : elle est à la fois contraire au principe d'égalité des parents et à celui de non-discrimination des enfants naturels et légitimes. Mais les parlementaires l'ont maintenue en 1987 pour une raison pratique : éviter que la mère se trouve « bloquée » par l'inaction ou la mauvaise volonté du père lorsque les parents ne vivent pas ou plus en bonne intelligence. Car attribuer l'autorité parentale conjointement aux deux parents non mariés a pour conséquence l'obligation quasi inéluctable de saisir le juge en cas de séparation (ce qui serait une autre forme d'alignement sur le statut des enfants légitimes).

On peut cependant considérer que l'éventualité d'une séparation ultérieure n'est pas une raison pertinente pour réglementer la vie du couple pendant qu'il est uni, et douter que le souci d'éviter l'intervention des tribunaux justifie une telle atteinte aux droits de l'enfant, ainsi privé de la protection de son père et des garanties que représente, pour son éducation, la coopération de ses deux parents. Ajoutons que la situation est fort contraire aux droits du père et que l'obligation de recourir au juge en cas de litige est devenue moins pesante depuis que les modifications de l'exercice de l'autorité parentale sur l'enfant naturel ont été confiées au juge des affaires matrimoniales (!) et non plus au tribunal tout entier.

Dépourvu donc, en principe, de l'exercice de l'autorité parentale, le père naturel peut obtenir un droit de visite et de surveillance (art. 374 C. civ.).

Cependant, la loi de 1987 a voulu promouvoir l'exercice conjoint de l'autorité parentale en permettant aux parents naturels de la choisir par simple déclaration conjointe devant le juge des tutelles. La démarche est très simple et gratuite ; la seule condition est que les deux parents la fassent ensemble. Il n'est pas exigé qu'ils cohabitent. Par contre, le juge des tutelles refusera la déclaration s'il pense que la volonté de l'un des parents (surtout la mère) n'est pas libre. Enfin, la Cour de cassation a décidé que le juge des tutelles ne peut pas refuser la déclaration, même si, en attribuant l'autorité parentale à un père étranger, elle lui donne droit à une carte de résident : le but de la loi, qui est de favoriser les relations entre père et enfant, est en effet respecté[1]. Mais ces déclarations demeurent assez rares, car beaucoup de pères ignorent qu'ils n'ont pas l'exercice de l'autorité parentale bien qu'ils aient reconnu leur enfant.

Il est également possible au JAM de décider que l'exercice de l'autorité parentale sera conjoint, malgré le désaccord des parents.

Lorsque des parents naturels exercent en commun

1. Civ. 1re, 26 juin 1990, *JCP,* 1991, II, 21688.

l'autorité parentale, les règles prévues pour les ménages mariés s'appliquent.

Si les parents ne peuvent pas exercer l'autorité parentale, parce qu'ils sont décédés, déchus de cette autorité, ou pour une autre raison, l'enfant sera confié à un tiers. Celui-ci exercera les fonctions de l'autorité parentale, mais n'en sera pas titulaire (art. 373-3, 375-7... C. civ.) : c'est une prérogative réservée aux parents. Selon les circonstances, il y aura ensuite une délégation de l'autorité parentale ou ouverture d'une tutelle.

On remarquera, pour terminer, qu'aucune règle de droit ne concerne le second conjoint ou le concubin du parent « gardien ». L'enfant est souvent élevé au sein d'une « famille recomposée » : de ce fait sociologique, très peu de conséquences juridiques sont aujourd'hui tirées. On a néanmoins vu le mari de la mère décédée se voir confier l'enfant naturel de celle-ci, de préférence au père naturel[1].

2. **L'autonomie de l'enfant par rapport à sa famille.** — Elle se traduit par des sphères de liberté, où l'enfant peut exercer des choix personnels, même contre la volonté de ses parents, et par un droit d'expression lui permettant de faire entendre sa voix dans les procès familiaux le concernant. Dans les deux perspectives, l'on peut dire que la situation actuelle est en retrait par rapport à la Convention de l'ONU et que des réformes sont à prévoir.

A) *Les libertés individuelles de l'enfant.* — Il convient de rappeler d'abord les hypothèses où l'enfant est reconnu capable d'agir seul, sans être représenté par ses parents (v. chap. Ier, section II de ce « Que sais-je ? »).

1. Civ. 1re, 18 décembre 1990, *Les Petites Affiches*, 25 avril 1991.

Quand un enfant achète seul une moto, ou perçoit lui-même son salaire, il échappe à l'autorité parentale.

Quelles sont, pour le surplus, les libertés du jeune ? L'examen du droit actuel est assez décevant.

La première est la liberté pour l'enfant d'entretenir des relations personnelles avec ses grands-parents, affirmée par l'article 371-4 du Code civil. Mais l'affirmation du droit de l'enfant est le corollaire de celui des grands-parents : la loi protège autant ces derniers que les premiers. D'autre part, si un contentieux surgit, ce sont les grands-parents et non l'enfant qui saisiront le tribunal pour voir organiser ces relations (droit de correspondance et de visite), le mineur n'étant pas auditionné par le tribunal. Par ailleurs, il n'est pas certain que la correspondance échangée avec les grands-parents échappe à la surveillance des parents.

Les autres relations familiales ou amicales que l'enfant pourrait entretenir ne bénéficient pas de la même faveur législative : sans doute d'autres personnes (nourrice par exemple) peuvent-elles obtenir des droits de correspondance et de visite, mais ce ne peut être qu'en considération de « circonstances exceptionnelles » (art. 371-4, 2e alinéa), et il leur faut d'abord demander l'autorisation du juge.

On affirme souvent qu'il existe une liberté sexuelle, qui commencerait à l'âge de quinze ans. Mais cette affirmation repose sur une interprétation erronée de la loi pénale. Sans doute, l'article 331 du Code pénal ne punit-il les relations sexuelles entretenues avec un mineur consentant que si celui-ci a moins de quinze ans. Cela ne veut pas dire pour autant que les parents n'aient pas le droit d'interdire ces relations pour les quinze - dix-huit ans : l'article 356 du Code pénal punit le détournement de mineur, même si celui-ci était consentant.

Enfin, même si le mineur de plus de quinze ans y

consent, les relations sexuelles qu'entretiendrait avec lui un ascendant ou une personne ayant autorité sur lui (concubin de la mère, enseignant...) peuvent être punies de six mois à trois ans de prison.

La liberté des enfants est donc extrêmement réduite et dépend, en définitive, du bon vouloir de leurs parents. Des propositions d'extension peuvent être faites par exemple à propos des opinions et des relations du mineur.

La liberté d'opinion est proclamée par l'article 14 de la Convention de l'ONU, qui ajoute immédiatement et prudemment que les Etats respectent le droit des parents de guider l'enfant dans ses choix. La liberté d'opinion comprend au moins trois volets : la liberté politique, syndicale et religieuse. En France, la liberté syndicale est reconnue aux travailleurs même mineurs (v. chap. Ier). Par contre, ni la liberté politique, ni la liberté religieuse ne le sont. La réserve du droit français, comme de la convention, s'explique par les dangers que des organismes autres que la famille pourraient faire peser sur les enfants, en manœuvrant leur liberté pour les dresser contre leurs familles et leur faire épouser des causes contestables : en clair, il s'agit des totalitarismes étatiques, des sectes, etc. Ainsi, à une époque où les parents de jeunes adultes se demandent comment lutter contre les sectes, il peut paraître pour le moins imprudent de donner aux mineurs la liberté religieuse ! Pourtant, le fait qu'un jeune adolescent se voie contraint à des pratiques rituelles qu'il répudie est également choquant (c'est l'un des aspects du « voile à l'école »). Peut-être devrait-on distinguer entre la contrainte positive (religion choisie par les parents) et la contrainte négative (religion interdite par ceux-ci) et admettre la seconde plus tardivement que la première ?

Enfin, il faudrait protéger les enfants en cas de

conversion de leurs parents, surtout si celle-ci intervient alors qu'ils sont déjà adolescents.

Quant à la liberté de relations de mineur, rien de précis n'est dit dans la Convention de l'ONU, qui envisage seulement les droits de réunion et d'association, lesquels concernent plutôt l'Etat que les familles (v. chap. III). Tout est donc à penser tant en ce qui concerne les relations aussi bien amicales qu'amoureuses des adolescents, qu'à propos de leur liberté d'aller et de venir, inexistante en droit actuellement (sauf sous l'angle du Code de la route...). On peut proposer un principe de liberté pour les jeunes de seize ou de quinze ans, sauf « motif grave » des parents, éventuellement arbitrés par le juge des tutelles ?

B) *Le droit d'expression de l'enfant dans les litiges familiaux le concernant.* — Emergence de l'autonomie juridique de l'adolescent et bornes mises à l'autorité parentale sont les deux faces indissociables d'un même phénomène. Ainsi entendre l'enfant dans les procédures d'émancipation, ou lui donner le droit de saisir le juge à cette fin, c'est à la fois faire émerger la capacité juridique du mineur et restreindre les prérogatives de l'autorité parentale.

1° *L'audition de la parole de l'enfant* dans les litiges judiciaires l'impliquant est récente : elle date de la loi du 22 juillet 1987. Désormais, aux termes de l'article 290, 3° du Code civil, le juge du divorce doit (à moins qu'il n'existe une raison précise de ne pas le faire) auditionner tout enfant de plus de treize ans lors du divorce de ses parents, avant de fixer les modalités d'exercice de l'autorité parentale. Cette mesure a soulevé de nombreuses réticences. Mais, loin d'être remise en cause, il semble qu'elle soit appelée à s'étendre à des domaines voisins.

2° *Les réticences* tiennent d'abord à l'encombrement des tribunaux, et au peu de temps dont les JAM disposent pour chaque divorce. Quant au fond, l'audition de l'enfant présenterait deux inconvénients graves : d'abord, le contact avec la justice risque d'être traumatisant pour les enfants, et ceci d'autant plus que les JAM (à la différence des juges des enfants) n'ont reçu aucune formation. Ensuite, il serait néfaste pour l'enfant de devoir « choisir » entre ses parents, et la plupart des enfants préféreraient être tenus à l'écart des disputes parentales. En tout état de cause, il faudrait respecter le « droit au silence » de l'enfant.

Ces critiques expliquent la délicate mise en place de cette réforme. Ce n'est que peu à peu, et de façon différente selon les tribunaux, que l'audition de l'enfant est entrée dans les habitudes. Faute d'enquête suffisamment large sur la question, il est difficile de savoir dans quelle mesure la loi est effectivement respectée. On peut avancer cependant que l'audition a lieu quasi systématiquement lorsque les parents sont en litige, mais pratiquement jamais quand ils ont trouvé des modalités d'exercice de l'autorité parentale qui leur conviennent à tous deux. Ce qui est logique mais ne préserve pas l'intérêt de l'enfant lorsque les parents décident d'un commun accord une solution qui ne lui convient pas.

3° *Des avancées* sont déjà perceptibles dans des domaines voisins, mais des interrogations subsistent.

D'abord, en raison de l'injustice de l'effet de « seuil » attaché à l'âge de treize ans, les auditions d'enfants de moins de treize ans sont apparues, lorsque les circonstances le justifient.

Ensuite, comme il paraissait peu logique que les enfants soient entendus lorsque leurs parents divorcent, mais non pas lorsque leurs parents non mariés se disputent leur « garde », certains JAM auditionnent maintenant les enfants naturels, bien que ce ne soit pas prévu par la loi.

Enfin, les modalités de l'audition, laissées dans l'ombre par la loi de 1987, ont dû être mises au point par la pratique. Pour éviter des « retombées » sur l'enfant, il n'est pas dressé de procès-verbal de son audition ou un procès-verbal « édulcoré »[1]. Mais, dans certains tribunaux où existent déjà des avocats spécialisés dans la défense de l'enfant, ces derniers ont fait admettre que leur présence était au moins souhaitable, sinon indispensable : de fait, l'absence d'avocat pour l'enfant, alors que les parents en ont créé une inégalité en sa défaveur. Aussi la réforme de 1987 a-t-elle servi, peut-être malgré elle, à faire avancer l'idée de l' « avocat d'enfant ».

La loi de 1987 a suscité une dynamique qui ne s'arrêtera certainement pas de sitôt. Mais dynamique ne veut pas forcément dire solutions faciles. Ainsi, au moins deux difficultés peuvent être d'ores et déjà mises en lumière, pour lesquelles les solutions, en l'état actuel des choses, font défaut.

L'expression de l'enfant ne devrait-elle pas être organisée dans tous les litiges entre parents relatifs aux décisions qui le concernent ? La réponse positive paraît s'imposer dans un premier temps. Pourtant l'examen du rapport Bouchet montre de nombreuses réticences. Ainsi ne prévoit-il pas d'entendre le mineur lorsque ses parents saisissent le juge des tutelles d'un désaccord les opposant. De même n'est-il aucunement question de faire participer les enfants aux débats judiciaires relatifs à leur filiation. Plus ou moins consciemment, les adultes se réservent des zones de pouvoir exclusif.

1. V. Vauvillé, Premier regard judiciaire sur la loi Malhuret, *D,* 89, chr. p. 127.

Il semble cependant qu'il s'agisse là d'un combat d'arrière-garde, compte tenu de la Convention de l'ONU, sur la base de laquelle des interventions d'enfants à des procès ont déjà été admises[1].

Seconde difficulté, l'enfant ne doit-il avoir accès à la justice que lorsqu'on l'y convoque ? Autrement dit, doit-il attendre que ses parents soient en désaccord pour avoir droit à la parole ? Cette question était déjà en filigrane dans les pratiques relatées plus haut concernant les procédures de divorce. Or, là aussi le Rapport Bouchet répond résolument par la négative. Les raisons avancées sont :

— d'éviter que l'enfant ne soit « manipulé » par un parent ou qu'un parent ne soit « manipulé » par l'enfant (!). Outre que la présomption de mauvaise foi est contraire au droit français, on peut espérer que les JAM décèlent ces manipulations ;
— de ne pas troubler l'enfant en lui révélant des faits qu'il doit ignorer (par exemple que l'un de ses parents ne veut pas assumer sa « garde ») : mais la politique du secret n'est-elle pas la plus ravageuse de toutes ? ;
— de ne pas voir ce droit de recours étendu aux règles de la filiation : mais pourquoi l'enfant n'aurait-il rien à dire sur sa filiation ?

La raison de ces réticences tient, selon nous, à l'importance beaucoup plus grande que l'on donne à la volonté de l'enfant en lui permettant non seulement d'être consulté à l'occasion d'un litige parental, mais aussi de saisir les tribunaux pour remettre en cause une politique choisie par des adultes. Pourtant, l'expérience de la saisine des juges des enfants par les mineurs dans le cadre de l'assistance éducative montre

1. V. les décisions, citées dans la section précédente.

qu'elle fonctionne bien plus comme soupape de sûreté dans des situations de blocage conflictuel que comme sape de l'autorité parentale. Parler de l'assistance éducative, c'est introduire un troisième et important élément dans la construction des droits de l'enfant : l'Etat.

Chapitre III

LA PROTECTION DE L'ENFANT PAR L'ÉTAT

Envisager les relations entre l'enfant et l'Etat sous l'angle de la protection due par ce dernier est un choix qui laisse dans l'ombre les hypothèses où l'enfant pourrait avoir besoin de protection contre l'Etat. Heureusement, en France, ce genre d'hypothèse est rarissime. Tout au plus pourrait-on envisager à ce titre certaines insuffisances du droit pénal des mineurs, quelques empiétements des services de l'Assistance éducative sur les libertés de leurs usagers, ou encore une vision trop étroite de la liberté d'association vue par les proviseurs de lycée ! C'est pourquoi la France a pu ratifier sans états d'âme la Convention ONU des droits de l'enfant, alors que les Etats-Unis ont refusé de le faire pour ne pas supprimer la peine de mort pour les enfants (art. 37 conv.), ni créer un enseignement primaire gratuit (art. 28 conv.) tandis que d'autres Etats considèrent comme injustifiée son interdiction d'engager dans l'armée des enfants de moins de quinze ans (art. 38 conv.).

Toujours est-il que nous pouvons envisager la question avec une suffisante exhaustivité en voyant d'abord la protection générale de tous les enfants, puis la protection particulière des enfants menacés.

I. — La protection générale de tous les enfants

Les deux principales missions de protection de l'Etat à l'égard des enfants sont, assurément, l'éducation et la santé. La protection de l'une et de l'autre justifient également une réglementation restrictive du travail des enfants.

1. **L'Etat et l'éducation des enfants**. — L'Etat s'occupe de l'éducation des enfants sous deux rapports : l'instruction et la protection de leur moralité. La première est l'affaire du système scolaire, la seconde s'exprime par une législation disparate sur la presse, le cinéma, etc.

A) *Le système scolaire*. — On pourrait regrouper les rapports de l'enfant et du système scolaire autour de deux pôles : le droit de l'enfant à l'école et les droits de l'enfant dans l'école.

1° *Le droit de l'enfant à l'école* est proclamé par la loi d'orientation scolaire du 10 juillet 1989. Elle doit lui permettre « de développer sa personnalité, d'élever son niveau de formation initiale et continue, de s'insérer dans la vie sociale et professionnelle, d'exercer sa citoyenneté » (art. 1er). Le même article prévoit aussi une éducation à des valeurs telles que l'égalité des sexes ou les droits de l'homme, selon une formule qui correspond à l'article 29 de la Convention de l'ONU.

Le droit à la scolarité de l'enfant est rendu effectif par une obligation scolaire qui s'impose à la fois à l'enfant et à ses parents : ceci afin d'éviter que certains enfants de milieux défavorisés ne soient privés de cette chance par l'incurie ou l'inconscience de leurs parents. L'obligation scolaire s'étend de six à seize ans. Elle peut être assurée par un enseignement à domicile, mais sous contrôle de l'Etat. Le non-respect de cette obligation entraîne déchéance du droit aux allocations familiales.

La loi d'orientation scolaire déjà évoquée tend néanmoins à promouvoir une scolarité nettement plus longue, et, surtout, plus « qualifiante » : d'une part, il est prévu que tout enfant qui le souhaite peut être accueilli à l'école dès l'âge de trois ans ; d'autre part, la loi donne comme objectif à la nation de conduire l'ensemble d'une classe d'âge au minimum au niveau du CAP ou du BEP, et 80 % « au niveau » du baccalauréat.

La scolarité est divisée en cycles de l'école maternelle au lycée en passant par l'école primaire et le collège. Mais la loi d'orientation ne met pas l'accent sur les « cycles » que doit parcourir l'enfant dans sa scolarité obligatoire (qui le conduit à peu près au brevet des collèges), mais sur l'obtention d'un diplôme ouvrant l'accès à la vie professionnelle : tout élève qui n'a pas atteint un niveau de qualification suffisant à la fin de la scolarité obligatoire doit pouvoir poursuivre des études jusqu'à obtention de ce niveau.

Il n'entre pas dans le cadre de ce « Que sais-je ? » de décrire l'ensemble du système scolaire français. Nous mettrons simplement en lumière certains aspects qui nous paraissent importants pour les droits de l'enfant face à ce système.

L'école obligatoire est gratuite : il n'y a pas de frais d'inscription ni de scolarité, tout au moins dans les établissements publics. Jusqu'au niveau du collège, les livres (mais pas les cahiers ni les « fournitures scolaires ») sont fournis par les collectivités locales. A partir du lycée, la scolarité n'étant plus obligatoire, les livres sont à la charge de la famille. Au niveau de l'Université seulement apparaîtront les droits d'inscription. Des bourses d'études ainsi que l'allocation dite « de rentrée scolaire » aident les familles nécessiteuses.

L'ensemble de la scolarité peut être poursuivi dans les établissements publics qui ont l'obligation d'accueillir les enfants résidant dans leur circonscription géographique. Par ailleurs, les enfants ne peuvent pas, en principe, aller dans un établissement public autre que celui prévu pour le lieu de résidence. Ce système rigide est destiné à éviter des phénomènes de fuite ou de surcharge d'établissements bien ou mal famés. Il présente aussi l'avantage d'assurer à tout enfant une place dans une école (parfois au prix d'une certaine surcharge...). Mais il n'est supportable que par la présence de deux échappatoires. D'abord, il demeure possible d'être accueilli dans un établissement public autre que celui du domicile pour diverses raisons (choix d'options, par exemple). Ensuite, et surtout, existent des établissements scolaires privés, confessionnels ou non. Ceux qui respectent les conditions légales peuvent bénéficier d'un « contrat » avec l'Etat qui prend alors à sa charge une partie des dépenses, en particulier les salaires des enseignants. Les frais de scolarité dans ces établissements sous contrat sont donc supportables. L'existence de ces établissements restitue aux familles une liberté de choix éducatif qui est ressentie comme indispensable par une bonne majorité de Français : nombreux sont ceux qui préfèrent l'école publique mais seraient mécontents qu'on la leur impose.

L'orientation scolaire est de la responsabilité des familles (art. 8 loi d'orientation). Mais il est évident que n'importe quel élève ne peut pas faire n'importe quelles études. Aussi existe-t-il une procédure d'orientation, en concertation avec les familles et le conseil de classe qui s'achève par une décision du chef d'établissement. En cas de contestation, un appel est possible (V. décret du 14 juin 1990).

2° *Les droits de l'enfant dans l'école* ont été récemment renforcés. Ils sont énumérés dans le rapport au

Premier Ministre préalable au décret du 18 février 1991.

On peut évoquer les droits individuels et les droits collectifs.

a) Parmi les *droits individuels*, on peut citer le droit au respect de sa personne, de sa conscience et de ses biens, ainsi que le droit d'expression. Le principal est le droit au respect. Il ne signifie pas droit à l'insoumission : le fonctionnement harmonieux de l'école suppose une discipline appropriée. Un peu comme les parents, les instituteurs et professeurs sont dépositaires d'une autorité. La loi d'orientation rappelle que les élèves doivent respecter les règles de fonctionnement et la vie collective de l'établissement. Mais cette autorité ne saurait s'exercer par n'importe quel moyen : hier généralement admis, les châtiments corporels, et toute forme de sanction dégradante ou humiliante sont aujourd'hui proscrits. La Cour européenne des droits de l'homme a, d'ailleurs, fermement condamné l'Ecosse, qui permettait encore naguère ces sanctions[1].

C'est le règlement de l'école qui prévoit ces sanctions, pouvant aller jusqu'à l'exclusion pour les cas les plus graves. La procédure disciplinaire est organisée par décret : l'élève peut être assisté d'une personne présentant sa défense, et la décision du conseil de discipline peut faire l'objet d'un recours à l'initiative des parents.

Le droit au respect des opinions et la liberté d'expression à l'école trouvent leur conciliation dans le principe de laïcité de l'école publique. L'Etat respecte les consciences, il s'interdit d'orienter les opinions et croyances des enfants qui lui sont confiés, ce qui impose aux maîtres une obligation de réserve dans l'expression de leurs opinions, ainsi que le refus de tout

1. Dans deux arrêts des 25 février 1982 et 22 mars 1983.

prosélytisme (politique ou religieux). Cette laïcité a été l'enjeu de nombreux débats à l'occasion du port de voiles islamiques par de jeunes musulmanes à l'école. Un avis du Conseil d'Etat (27 nov. 1989) et une circulaire du ministre de l'Education nationale (12 déc. 1989) ont rappelé et actualisé cette notion : si le principe de laïcité garantit aux élèves, au titre de leur droit d'expression, la faculté de porter des signes religieux (ou des insignes politiques), ce droit s'arrête aux frontières de la provocation et du prosélytisme. Par ailleurs, aucune conviction religieuse, philosophique ou autre ne justifie qu'un enfant se soustraie à une partie de l'enseignement obligatoire (par exemple : sport, sciences naturelles).

b) Au niveau des *droits collectifs*, on peut évoquer la participation aux organes décisionnels de l'école, les droits de réunion et d'association dans des activités parascolaires, et le droit d'expression collective.

L'intégration des enfants aux rouages décisionnels de l'école ne se fait que dans les écoles secondaires : collèges et lycées. Elle s'effectue par le truchement des délégués de classe, élus par les élèves. Ceux-ci siègent dans tous les organismes collectifs : conseils de classe, conseil de discipline, conseil de la vie lycéenne (ce dernier composé pour moitié d'élèves), etc., où ils ont un droit de vote égal à celui des adultes. Sans doute les délégués élèves sont-ils largement minoritaires ; de plus, eux seuls participent vraiment aux décisions, à l'exclusion de leurs électeurs. Néanmoins, c'est une véritable citoyenneté scolaire des élèves que traduit ce régime juridique.

Il existe aussi de nombreuses activités parascolaires. Les unes sont proposées par l'école, les autres peuvent résulter de l'initiative des enfants eux-mêmes. Assez paradoxalement, l'on ne retrouve pas en ce domaine la même autonomie des jeunes. Les raisons sont, comme toujours, l'incapacité juridique des mineurs et l'éventuelle responsabilité des enseignants ou proviseur d'établissement.

Le droit d'association des enfants est proclamé dans la convention de l'ONU. De nombreuses associations sont créées dans les écoles, certaines étant même prévues par décrets et/ou circulaires : « foyer des élèves », association sportive, « clubs santé », etc. Qu'elles aient été suscitées par les enseignants ou initiées par les enfants eux-mêmes, ces associations leur permettent de s'exercer à la participation et aux responsabilités collectives et elles ont donc une place de choix dans le projet éducatif. Mais les enfants se heurtent à leur incapacité juridique : s'il est admis que l'adhésion à une association est un acte permis par l'usage aux mineurs, la jurisprudence comme les circulaires administratives exigent que ce soient des adultes qui occupent les postes importants du « bureau » : président, trésorier.

Le décret du 18 février 1991 a précisé les conditions que doivent respecter les associations désirant fonctionner dans un collège ou lycée :

— dépôt des statuts auprès du chef d'établissement et autorisation du conseil d'administration ;
— interdiction des associations politiques ou religieuses ;
— obligation de respecter « les principes du service public de l'enseignement ».

Le manquement à ces règles peut justifier le retrait de l'autorisation.

Le droit de réunion des élèves est encore plus strictement encadré. Les réunions peuvent être provoquées par le délégué de classe, une association ou d'un groupe d'élèves, mais elles doivent être autorisées par le chef d'établissement, et ne peuvent avoir lieu qu'en dehors des heures de cours. L'autorisation peut être refusée si la réunion paraît de nature à porter atteinte au fonctionnement normal de l'établissement. D'ailleurs, seules les réunions « d'information » (et non de revendication...) sont permises.

Le droit d'expression collective peut prendre deux formes : l'affichage et la publication d'un journal d'école.

Le chef d'établissement doit mettre des panneaux d'affichage à la disposition des délégués de classe et des associations autorisées.

Quant aux journaux d'école, ils sont libres, mais seront interdits s'ils comportent diffamation, injures, atteinte aux droits d'autrui ou à l'ordre public (art. 3-4 d. 30 août 1985).

C'est le directeur de l'établissement qui serait, éventuellement, tenu pour responsable de tels débordements, aussi est-il fort vigilant !

Si les publications ont vocation à être diffusées à l'extérieur de l'établissement, il faudra respecter la loi sur la presse et ses formalités légales, ce qui imposera la participation d'au moins un adulte comme directeur. Ce peut être un élève majeur ou un enseignant. Mais il semble que la présence de ce directeur majeur n'empêche pas la poursuite, le cas échéant, du chef d'établissement.

B) *La protection de la moralité de l'enfant.* — La protection de la moralité de l'enfant inspire la réglementation relative à ses distractions, à ses relations sexuelles et même à sa vie professionnelle. Nous ne verrons ici que le premier point, les autres étant traités au titre de la maltraitance ou du travail des enfants.

Le texte de base est une loi du 16 juillet 1949 relative aux publications destinées à la jeunesse, qui interdit, à peine de sanctions pénales, d'y « présenter sous un jour favorable le banditisme, le mensonge, le vol, la paresse, la lâcheté, la haine, la débauche et tous les actes qualifiés crimes ou délits ou de nature à démoraliser l'enfance ou la jeunesse ». L'importation de telles publications, ou la publicité en leur faveur sont également interdites. Quant aux publications pornographiques, elles peuvent être poursuivies comme outrages aux bonnes mœurs, avec circonstances aggravantes si elles ont été vendues ou adressées à des mineurs (art. 238 et 286 C. pén.).

En matière de cinéma, il existe une commission de contrôle qui classe les films interdits aux « moins de douze ans » ou aux « moins de dix-huit ans ». L'accès aux salles n'est alors permis que sur justification de l'âge du client. La méconnaissance de cette interdiction expose l'exploitant de salle de cinéma à une amende.

Le maire ou le préfet peuvent également interdire aux mineurs l'accès à certains spectacles.

Pour les émissions de télévision, ce sont les cahiers des charges des différentes chaînes qui prévoient la protection des jeunes téléspectateurs.

Enfin, il existe une réglementation des débits de boissons, interdisant l'accès à ces établissements aux enfants de moins de seize ans non accompagnés. Par ailleurs, certaines boissons alcoolisées ne peuvent être consommées qu'à partir d'un âge déterminé.

2. **L'Etat et la santé de l'enfant.** — Que l'Etat se soucie de la santé de l'enfant n'est pas nouveau : déjà, au XIXe siècle, les premières limitations du travail des enfants, ainsi que les premières mesures en faveur des « femmes en couches » étaient dictées par ce souci. Souci nullement désintéressé, tant la vigueur des ouvriers ou des soldats importait aux pouvoirs publics. De même, les divers « avantages » liés à la présence d'enfants dans un foyer : allocations familiales, « parts » fiscales, etc., sont-ils motivés essentiellement par un souci de politique démographique. Celui qui est

protégé n'est pas tant l'enfant d'aujourd'hui que le travailleur-cotisant, soldat et contribuable de demain.

Une partie de la protection de la santé des enfants résulte de lois pénales (V. *infra*, la maltraitance).

Mais l'essentiel est l'organisation de tout un réseau administratif orienté vers la santé de l'enfant. L'amélioration générale du niveau de vie, la décrue de la mortalité infantile ne doivent pas cacher les insuffisances qui subsistent dans ce dispositif : c'est à quoi la loi du 18 décembre 1989 a tenté de remédier.

La protection de la santé des enfants repose sur trois services médico-sociaux : la protection et promotion de la santé maternelle et infantile, qui concerne les enfants en bas âge, relayée ensuite par le système de santé scolaire. Pour les enfants handicapés existe aussi un dispositif spécifique.

A) *La protection et promotion de la santé maternelle et infantile.* — La protection du jeune enfant est indissociable de celle de la femme enceinte. C'est ce qui explique que la loi de 1989 confie aux services de la PPMI le soin d'organiser des actions de planning familial et des consultations prénuptiales et prénatales. C'est cette même loi qui régit aujourd'hui la protection de la femme enceinte : délivrance du carnet de maternité, examens médicaux obligatoires pendant la grossesse et après la naissance, qui conditionnent le versement des allocations pré- et post-natales.

La protection sanitaire du jeune enfant est ensuite organisée autour de trois pôles : l'agrément et le contrôle des assistances maternelles, la surveillance des établissements publics et privés recevant des enfants de moins de six ans (crèches, colonies de vacances, garderies... avec une liaison entre les PPMI et les services de santé des écoles maternelles), et enfin le dépistage des enfants « à problèmes », handicapés ou victimes de mauvais traitements. Des actions à domicile sont prévues, dans une perspective qui se veut d'aide et non de contrôle. Néanmoins, si une carence familiale est repérée, le cas sera « signalé » à l'ASE, voire au « numéro vert » de la maltraitance. S'agissant de services qui sont tous départementalisés, les transmissions sont plutôt bonnes.

Mais il faut bien reconnaître que des progrès sont encore à faire, tant au regard du nombre des examens médicaux totalement pris en charge par la Sécurité sociale, que, surtout, au niveau de l'accueil des enfants de moins de trois ans.

B) *La médecine scolaire.* — Elle prend le relais de la PPMI pour les enfants de plus de six ans, scolarisés dans les écoles primaires, puis secondaires. Il existe aussi une médecine universitaire.

La santé scolaire dépend de l'Etat (alors que la PPMI est départementalisée). De plus, ce service est écartelé entre le ministère de l'Education nationale et celui de la Santé, et géré localement par les rectorats. Ces méandres administratifs ne favorisent pas un fonctionnement efficace.

La médecine scolaire a de nombreux objectifs : assurer les examens médicaux obligatoires (entrée en cours préparatoire, entrée en 6e, fin de 5e et fin de 3e) ; assurer un suivi de la santé des élèves et dépister les problèmes éventuels ; impulser l'éducation sanitaire ; veiller à l'hygiène générale des établissements et surveiller plus spécialement le respect des règles concernant l'enseignement technique. A ces tâches sont affectés des médecins, des infirmières et des assistantes sociales.

En réalité, l'absence criante de moyens a obligé la médecine scolaire à se concentrer sur certains objectifs qui paraissaient prioritaires : assurer au moins un examen médical des enfants au cours de leur scolarité (à six ans, lors de l'entrée en CP) et se mobiliser sur la population des adolescents, souvent en proie à de graves dangers. Ainsi, la médecine scolaire a une action importante de prévention de la toxicomanie et du SIDA, parfois dans le cadre d'associations scolaires. Les assistantes sociales scolaires sont attentives aux échecs scolaires et à l'insertion professionnelle. L'éducation sanitaire, l'épidémiologie et les autres missions sont assurées... dans la mesure du possible. Un avis du Conseil économique et social du 17 juillet 1990 a émis des propositions de réforme subordonnées évidemment à un renforcement considérable des moyens matériels et de la coordination administrative.

C) *Le dispositif de protection des enfants handicapés.* — Les enfants peuvent être atteints de handicaps physiques ou mentaux. La Convention de l'ONU sur les droits de l'enfant met à la charge des Etats signataires l'obligation de veiller à leur protection. En France, cette protection est l'affaire de l' « éducation spécialisée ». Les principes qui la gouvernent ont été affirmés par la loi d'orientation du 30 juin 1975 en faveur des personnes handicapées. Le premier est que les enfants handicapés doivent bénéficier de tous les soins adaptés à leur état, tout en étant intégrés dans des structures normales dans la mesure du possible. Le second est que les frais d'entretien de ces enfants sont assumés par la collectivité publique, Etat ou assurances sociales. Une partie des dépenses est prise en charge directement : ainsi les frais d'hébergement. Par ailleurs, des allocations en espèces sont prévues.

Le dispositif relatif aux enfants handicapés est complexe : il existe des instituts médico-pédagogiques, pour les enfants de trois à seize ans, dispensant un enseignement général adapté, des instituts médico-professionnels pour les enfants de quatorze à vingt ans, qui leur donnent une formation professionnelle. Il y a aussi des classes particulières dans les écoles (sections d'éducation spécialisées) et des sections pour enfants dans les hôpitaux psychiatriques. Il existe encore des instituts d'éducation motrice ou sensorielle (pour l'éducation des enfants mal-voyants ou mal-entendants). L'orientation des enfants vers telle ou telle structure, ainsi que les décisions de versement de prestations en espèces, sont de la compétence des commissions de l'éducation spécialisée. Celles-ci ont pouvoir de décision, aussi bien à l'égard des familles, dont elles doivent cependant rechercher l'adhésion, que vis-à-vis des organismes payeurs. Leurs décisions peuvent faire l'objet de recours.

3. **L'Etat et le travail des enfants.** — Hier encore, en France, les enfants travaillaient dès leur jeune âge, dans les filatures, les mines... Aujourd'hui même, dans le monde entier, des enfants n'ont pas d'autre choix que de travailler pour survivre. Aussi, réaliste, la Convention de l'ONU n'a-t-elle pas interdit le travail des enfants, mais seulement exigé qu'il ne nuise pas à leur éducation ou à leur développement, et interdit qu'il entraîne une exploitation économique des enfants (art. 32 conv.). Mais elle a inscrit pour la première fois dans un texte, le *droit au jeu* de l'enfant (art. 31).

Nous ne reviendrons pas ici sur les problèmes de capacité juridique posés par la conclusion d'un contrat de travail par un mineur. Nous envisageons seulement comment l'Etat protège l'enfant qui travaille. Il existe trois séries de règles à cet effet : un âge d'admission au travail, des autorisations d'embauche et, enfin, des lois particulières gouvernant l'exécution d'un contrat de travail par un mineur.

A) *L'âge minimal d'accès à l'emploi.* — La Convention de l'ONU impose sa fixation par les Etats. La convention n° 138 de l'OIT en date du 26 juin 1973 (que la France a décidé de ratifier en 1990) prévoit que cet âge ne doit pas être inférieur à celui de la fin de la scolarité obligatoire, et en tout cas supérieur à quinze ans. Ce seuil peut être abaissé à treize ans, mais uniquement pour les travaux ne comportant aucun risque pour la santé ou la scolarité des enfants.

Actuellement, en droit français, l'âge normal d'admission au travail est seize ans, fin de la scolarité obligatoire, deux ans avant la majorité. Tout contrat de travail conclu avec un enfant non dégagé de l'obligation scolaire est nul.

Mais ce principe connaît de nombreuses exceptions.

Certains types d'emplois ne peuvent pas être exercés par des mineurs : ainsi est-il interdit aux jeunes femmes de travailler dans des débits de boissons avant dix-huit ans (sauf si l'exploitant est de leur famille) ; sont de même exclues les activités trop pénibles, ou dangereuses pour la moralité des jeunes travailleurs (V. art. L 234-1 et R 234-1 à R 234-23 C. trav.).

D'autres activités, au contraire, peuvent être exercées avant seize ans.

Les enfants de plus de quatorze ans peuvent travailler pendant les vacances scolaires, à condition que ce ne soit pas pendant plus de la moitié des vacances, et que cela n'entraîne pas de fatigue excessive. Cette limite est abaissée à treize ans pour les enfants qui travaillent sous la surveillance de leurs parents dans une exploitation agricole. Dans ce cadre, il est même permis qu'ils travaillent en dehors des vacances, du moment qu'ils suivent normalement leur scolarité.

L'article L 211-1 du Code du travail prévoit aussi la possibilité d'enseignement alterné en école et en entreprise pendant les deux dernières années de scolarité. L'apprentissage, quant à lui, est autorisé à partir de quinze ans.

Le Code du travail maritime permet l'embarquement des « mousses » à partir de quinze ans ; cet âge est abaissé à treize ans pour les mineurs prenant part à la pêche côtière pendant les vacances scolaires.

Enfin, les enfants peuvent occasionnellement travailler dans le spectacle ou comme mannequins avant seize ans. Il est seulement interdit de faire effectuer des tours de force ou exercices dangereux avant seize ans, sauf sous la direction des parents eux-mêmes « saltimbanques ou forains » : dans ce cas la limite est abaissée à douze ans. Les enfants mannequins ne peuvent travailler ni le dimanche ni plus de la moitié des vacances scolaires. S'ils ne sont pas scolarisés, ils ne peuvent être employés plus de deux jours par semaine.

B) *Les autorisations d'embauche.* — Elles sont obligatoires pour les enfants de moins de seize ans, et sont délivrées soit par l'inspecteur du travail, pour les travaux saisonniers, soit par l'administrateur des affaires maritimes pour les mousses, soit encore par des commissions constituées au sein du Conseil départemental de Protection de l'enfance pour les enfants mannequins ou ceux du spectacle. Dans tous les cas, l'autorisation écrite des représentants légaux de l'enfant est exigée.

Pour les enfants mannequins, l'agence de mannequins peut bénéficier d'une autorisation générale annuelle, qui la dispense de solliciter l'agrément pour chaque enfant employé.

C) *Les particularités de l'exécution du contrat de travail.* — Il est interdit de faire travailler les enfants la nuit, sauf dans les métiers de l'hôtellerie et de la boulangerie (art. L 213-7 C. trav.), de même que de leur faire effectuer des journées de travail de plus de huit heures (art. L 212-13 C. trav.). Si le jeune est astreint à suivre des cours professionnels, l'employeur doit lui laisser la possibilité de s'y rendre.

Quant au salaire de l'enfant, il est minoré par rapport à celui d'un adulte : ainsi, en première année d'apprentissage, un jeune touchera 15 % du SMIC. Un salarié de moins de dix-sept ans peut subir une décote de 20 % sur le SMIC, tant qu'il n'a pas six mois d'ancienneté. Le salaire des enfants mannequins ne peut pas être inférieur à un pourcentage d'un cachet adulte, fixé par convention collective ou par décret.

Les enfants du spectacle et les mannequins bénéficient d'une protection spéciale : une partie de leurs gains est bloquée à la Caisse des Dépôts et Consignations jusqu'à la majorité de l'enfant. Le solde est remis aux parents qui en ont la disposition (art. L 211-8 C. trav.) : c'est, en quelque sorte, la participation de l'enfant à son entretien. Dans les autres cas, les parents n'ont pas de droit de jouissance légale sur les gains de leur enfant (art. 387 C. civ.) mais ils en ont l'administration légale, et ils peuvent affecter les salaires et revenus de l'enfant à son entretien. Ainsi, la coutume selon laquelle le jeune qui gagne sa vie verse une « pension » à ses parents s'il vit chez eux est parfaitement conforme à la loi. Il est beaucoup moins normal que les biens acquis par le mineur avec la partie de son salaire qui n'est pas utilisée à son entretien tombent, eux aussi, sous l'administration légale des parents qui ont ainsi, juridiquement, seuls le droit de vendre la moto acquise par le jeune avec l'argent qu'il a gagné !

II. — La protection particulière des enfants menacés

Nous regroupons ici l'étude de l'enfance en danger, des enfants maltraités, et des enfants délinquants. En effet, pour ces derniers, l'optique du droit français est plus thérapeutique que répressive : on pourrait dire qu'ils sont perçus comme plus menacés que menaçants.

1. **L'enfance en danger.** — Les enfants en danger sont ceux dont la santé, la sécurité ou la moralité paraissent menacés, ou dont les conditions d'éducation sont « gravement compromises » (art. 375 C. civ.). Il s'agit de situations « en amont » par rapport à la délinquance ou la maltraitance, qu'il s'agit de prévenir.

Pour ce faire, il existe un dispositif administratif et des mesures judiciaires, qui ne sont pas toujours bien articulés.

A) *Le dispositif administratif.* — Il s'agit de *l'Aide sociale à l'Enfance*, service qui a succédé à la (trop) célèbre DASS depuis 1984, et qui est désormais sous la direction du président du Conseil général et non plus de l'Etat. L'ASE fonctionne avec tout un ensemble de travailleurs sociaux, de familles d'accueil et d'éducateurs, de « foyers » gérés par des collectivités publiques ou des associations, de « clubs de prévention », etc.

L'ASE a une mission de prévention et de repérage des enfants en danger (et aussi des enfants maltraités : V. paragraphe suivant).

Elle a la responsabilité d'intervenir en cas d'urgence : ainsi, c'est elle qui prend en charge les nouveau-nés trouvés dans des squares, les enfants que personne ne vient chercher à la sortie de l'école, ou encore les jeunes fugueurs échoués dans un commissariat de police. Mais, si les parents ne se manifestent pas dans un délai de cinq jours, le procureur de la République sera averti, et il saisira le juge des enfants.

Dans les autres hypothèses, les mesures proposées par l'ASE doivent être acceptées par les parents. Si la famille n'adhère pas aux solutions suggérées, seul le juge des enfants a qualité pour prendre des mesures coercitives. Cette adhésion doit être le fruit d'une bonne information, et d'une concertation loyale : ainsi, le Code de la famille et de l'aide sociale prévoit que la famille puisse être assistée d'une personne de son choix dans ses rapports avec l'administration. L'enfant lui-même doit être consulté, mais son accord n'est évidemment pas indispensable. Enfin, les mesures ne peuvent durer plus d'un an, ce qui impose une révision régulière des situations.

Contrairement à ce que certains pensent, le placement « volontaire » d'un enfant à l'ASE n'entraîne aucune incidence sur l'autorité parentale.

Quant aux mesures, il peut s'agir soit d'un placement en établissement (de plus en plus rare), ou en famille d'accueil, soit de mesures d'assistance en milieu ouvert (AEMO), c'est-à-dire d'un « suivi » de l'enfant, qui reste dans sa famille, par des intervenants sociaux.

Enfin, l'ASE peut également verser des aides financières, parfois même en espèces pour les familles les plus défavorisées.

Le caractère « volontaire » du placement, garantie essentielle pour les libertés individuelles face à l'administration, suscite cependant quelques difficultés :

— par exemple, la situation de l'enfant se dégrade sérieusement lorsque les placements « volontaires » tendent à s'éterniser. Le retrait d'une famille d'accueil où l'enfant s'était inséré (que ce soit pour remise à la famille d'origine ou à une famille adoptive) est parfois mal vécu ;
— de même, la liaison qui est parfois faite entre le versement de prestations financières et l'acceptation d'une mesure de surveillance de l'enfant ne favorise pas vraiment la liberté des « bénéficiaires ».

B) *Les mesures judiciaires.* — Il est regrettable qu'elles émanent de nombreuses juridictions différentes.

En effet, pour l'enfant en danger, le juge spécialisé est

le « juge des enfants ». Mais les déchéances et les délégations d'autorité parentale sont de la compétence du tribunal de grande instance, alors que les mesures relatives à l'administration légale ou à l'ouverture d'une tutelle demeurent réservées au juge d'instance. Enfin, si les parents sont en cours de divorce, c'est le juge du divorce qui attribue l'exercice de l'autorité parentale...

Evidemment, certains plaideurs jouent de cette multiplicité de compétences, et il n'est pas rare de voir un père mécontent du TGI saisir le juge des enfants en prétextant un nouveau « danger » pour l'enfant (V. art. 375-3 C. civ.).

1° Les mesures proprement civiles sont la *déchéance* ou la *délégation* de l'autorité parentale. La première peut être prise à la suite d'une infraction commise par les parents (par exemple sur l'enfant), ou de carences éducatives le mettant en danger (art. 378 et 378-1 C. civ.). Dans le premier cas elle est prononcée par le tribunal pénal, dans le second par le TGI. Son critère exclusif est l'intérêt de l'enfant, et non la faute des parents. Elle peut être totale ou partielle.

La délégation d'autorité parentale consiste à transférer ses prérogatives à la personne à qui l'enfant est confié, c'est-à-dire à l'ASE ou à un établissement « agréé à cette fin ». Il faut que les parents consentent à cette mesure, ou qu'ils se soient désintéressés de l'enfant. La délégation d'autorité parentale fait suite, logiquement, à une mesure de placement volontaire pérennisée.

2° Mais c'est surtout *le juge des enfants* qui a la charge de l'enfance en danger, au titre de *l'assistance éducative*.

Le juge des enfants a des attributions à la fois civiles et pénales. Ce « mélange des genres », destiné à éviter de stigmatiser les enfants délinquants, aboutit paradoxalement à nuire aux enfants en danger, plus ou moins assimilés aux délinquants.

L'article 375 du Code civil permet au juge des enfants de prendre des mesures d'assistance éducative « si la santé, la sécurité ou la moralité d'un mineur non émancipé sont en danger, ou si les conditions de son éducation sont gravement compromises ».

a) Les *mesures* elles-mêmes ne sont pas très différentes de celles que l'ASE peut prendre de sa propre initiative. Mais ici, la décision du juge s'impose à l'administration (et au budget départemental). D'autre part, le juge des enfants ne peut pas porter atteinte à l'autorité parentale, mais il peut confier l'enfant à un tiers et donner à ce tiers tous les pouvoirs qui paraissent utiles ou nécessaires (art. 375-7 C. civ.) : ceci équivaut, en pratique, à une restriction de cette autorité.

Ces mesures, normalement, prennent fin avec la majorité du jeune, mais elles peuvent à sa demande durer jusqu'à vingt et un ans : ce qui lui permet d'assurer une transition avec sa vie d'adulte.

Le juge des enfants est également compétent pour ordonner une mesure de tutelle aux prestations familiales. Hier sanction d'une utilisation critiquable de ces prestations, la tutelle aux prestations familiales est aujourd'hui souvent demandée par les familles à qui elle sert de garantie dans leurs négociations de rééchelonnement de dettes (spécialement de loyers).

La loi prescrit au juge des enfants de s'efforcer de recueillir « l'adhésion de la famille à la mesure envisagée » (art. 375-1 C. civ.). Outre que l'adhésion de l'enfant serait également très souhaitable... cette prescription ne laisse pas de placer le juge en porte à faux par rapport à sa mission naturelle qui est de juger. Certains défendent alors l'idée d'une « justice négociée »[1], tandis que d'autres dénoncent les « pièges

1. Amiel et Garapon, Justice imposée et justice négociée dans le droit français de l'enfance, *Annales de Vaucresson*, 1987/2, p. 17.

de la persuasion »[1] et les risques de dérapage auxquels est exposé le juge, du chantage au mensonge, en passant par l'autocensure et l'impuissance. Une clarification du rôle du juge à cet égard serait sans doute souhaitable.

b) Les personnes qui peuvent saisir le juge sont les parents, le service à qui l'enfant a été confié (donc l'ASE), le ministère public, le juge lui-même et *l'enfant*, de sa propre initiative, quel que soit son âge. De cette manière, le juge des enfants devient la soupape de sécurité permettant de résoudre les litiges entre parents et enfants lorsqu'ils mettent ceux-ci en « danger ».

Il arrive assez souvent que le juge des enfants soit saisi d'une situation de « crise », le jeune s'opposant violemment aux décisions parentales : citons l'IVG refusée par les parents, l'arrêt intempestif des études ou encore les soins médicaux nécessaires que les parents refusent... Dans ces hypothèses, le juge aura une interprétation large des notions de « danger » et d' « éducation gravement compromise ». Il confiera l'enfant à l'ASE, à charge pour celle-ci de prendre les mesures souhaitées. Il faut reconnaître qu'il y a là un vrai problème : est-il justifié que le jeune ne puisse contester les décisions parentales que si elles le mettent en « danger » ?

c) Les *critères de saisine* du juge sont, encore aujourd'hui, quelque peu nébuleux. En effet, le « danger » de l'article 375 C. civ. n'est pas fondamentalement différent des situations visées par la loi de 1984 sur l'ASE. On avance souvent que le juge des enfants ne serait compétent qu'en cas de *conflit*. Cela ne nous semble que partiellement exact.

Il est certain que l'ASE ne peut agir qu'avec l'accord des titulaires de l'autorité parentale. Donc, en cas de

1. J.-L. Baudouin, *Le juge des enfants*, p. 97 s.

conflit entre ceux-ci et l'administration, le juge est seul compétent pour imposer des mesures. De même, il peut intervenir dans les conflits entre parents, ou entre les parents et l'enfant. Par contre, nier la compétence du juge en l'absence de conflit paraît une vision réductrice de sa mission, car cela signifierait que l'administration est alors seule compétente, ce qui ne paraît pas conforme à l'article 375 C. civ. Il nous paraît moins grave d'étendre les pouvoirs du juge que de laisser la situation à la totale maîtrise de l'administration (Comp. *infra*, pour la maltraitance).

d) La situation de l'*enfant* dans la procédure d'assistance éducative est tout à fait particulière.

Nous avons vu qu'il peut saisir le juge. L'article 1183 N. C. pr. civ. prévoit que l'enfant doit être entendu « à moins que son âge ou son état ne le permette pas » — ce qui laisse, en fait, toute latitude au juge dès lors qu'il motive sa décision. Il arrive également que l'enfant soit convoqué mais n'assiste qu'à une partie de l'audience. D'autre part, son audition n'est pas obligatoire avant la prise de mesures provisoires.

Enfin, le jugement lui est signifié personnellement s'il a plus de seize ans, ce qui lui permet alors de faire appel.

e) Quant à l'*avocat* de l'enfant, actuellement, sa présence est prévue, mais assez rare. D'abord, c'est au juge des enfants qu'il appartient, s'il le juge utile, de prévenir l'enfant de son droit à avoir un avocat différent de celui de ses parents. Or, nombre de juges estiment que leur seul critère d'action étant l'intérêt de l'enfant, l'avocat est inutile. Ceci d'autant plus que l'avocat est un juriste, alors que le débat n'est pas juridique.

L'expérience montre que, dans la majorité des cas, les avocats non spécialement formés et mal rémunérés par l'aide judiciaire se montrent peu efficaces. Par contre, les expériences mises en place dans des villes comme Lille ou Bordeaux, où les avocats sont spécialement formés, rémunérés honnêtement par le Conseil régional et librement consultés par les jeunes dans des locaux d'associations (« Point Jeunes ») montrent l'utilité de la participation de l'avocat à l'assistance éducative. Ainsi, par exemple, l'avocat a-t-il accès au dossier, que le jeune lui-même ne connaît pas ; si l'enfant est mis à l'écart d'une partie de l'audience, son avocat reste, etc.

2. **L'enfance maltraitée.** — Paradoxalement, il n'est pas aisé de donner une définition de la maltraitance, bien qu'une loi du 10 juillet 1989 ait pour objet la « prévention des mauvais traitements à l'égard des mineurs ». Nous retiendrons l'existence d'une infraction pénale dont la victime est l'enfant, les situations moins graves étant seulement constitutives de « danger » (V. paragraphe précédent).

Si la maltraitance fait donc l'objet de sanctions pénales, la tendance actuelle est de tenter de détecter au plus tôt, et même si possible d'empêcher les mauvais traitements, ceci par une action administrative.

A) *La maltraitance, infraction pénale.* — Envisager la maltraitance en tant qu'infraction permet de définir son domaine. On évoquera ensuite les problèmes posés par les poursuites pénales.

1° La *liste des infractions contre les enfants* est longue et disparate. Beaucoup de crimes et délits ont une répression aggravée si la victime est mineure. Il existe aussi des infractions particulières, telles les « mauvais traitements à enfant » ou encore les « abandons » d'enfant.

On observe une inexistence quasi totale d'infraction

protégeant les biens de l'enfant : seul existe un délit « d'abus des besoins d'un mineur » (art. 406 C. pén.), qui vise ceux qui feraient souscrire à un mineur un engagement pécuniaire abusif à son préjudice (engagement qui serait d'ailleurs nul). Le droit pénal tend surtout à protéger soit la vie et la santé physique, soit les éléments de la personnalité de l'enfant.

a) Les infractions *relatives à la vie et à la santé de l'enfant.* On peut commencer par évoquer l'avortement (art. 317 C. pén.), lorsqu'il n'est pas accompli dans le cadre légal (en fait, il n'est plus jamais poursuivi contre les femmes, et très exceptionnellement contre les médecins). L'infanticide (art. 300 C. pén.) est le meurtre par la mère d'un enfant nouveau-né. Par pitié envers les mères dont la détresse seule peut expliquer un tel crime, il est puni moins sévèrement qu'un meurtre « ordinaire ». Puis viennent les coups et blessures sur enfant de moins de quinze ans (art. 312 C. pén.), auxquels sont assimilées les privations de soins. Des violences ou privations de soins ayant entraîné une mutilation ou une infirmité peuvent être punis de la réclusion criminelle à perpétuité s'ils ont été accomplis par les parents de l'enfant.

Le crime de « violence à enfant ayant entraîné une mutilation » (art. 312 C. pén.) est l'incrimination applicable aux mutilations sexuelles infligées aux petites filles en application de certaines coutumes africaines. Après une période où ces mutilations n'étaient pas poursuivies sous leur véritable qualification, afin de mitiger la peine, une plus grande sévérité est aujourd'hui de rigueur : les auteurs, parents et « opérateur », sont traduits devant la cour d'assises. Le droit français refuse d'admettre que ces pratiques soient justifiées par la coutume étrangère, et il a sur ce point l'appui de la Convention de l'ONU sur les droits de l'enfant (art. 24-3).

Toujours pour protéger la vie de l'enfant, il existe un type d'infraction particulier : les « abandons ». Les article 349 à 353 du Code pénal punissent les personnes qui ont « exposé » un enfant, c'est-à-dire qui l'ont abandonné dans un lieu public. Les peines varient selon que l'enfant était ou non en danger et qu'il a ou non subi une maladie ou incapacité. Toujours par pitié pour les mères, la loi du 10 juillet 1989 a supprimé toute peine lorsque les circonstances de l'abandon ont permis d'assurer la sécurité de l'enfant : par exemple dans le cas d'un « oubli » de l'enfant dans un service de PMI. L' « abandon de famille » sanctionne celui qui ne verse pas la pension alimentaire à laquelle un tribunal l'a condamné.

Il faudrait encore ajouter des infractions telles la fourniture de stupéfiants (art. L 627-2 CSP), ou la provocation au suicide (art. 318-1 C. pén.) dont la répression est aggravée si la victime est mineure.

Signalons enfin l'existence d'infractions concernant le non-respect de la réglementation du travail des enfants.

b) En ce qui concerne la *protection de la personnalité de l'enfant*, on peut distinguer trois types d'infractions : celles qui tendent à préserver la moralité de l'enfant et son intégrité sexuelle, celles qui tendent à protéger sa vie privée, et celles qui garantissent son identité et sa vie familiale.

— La Convention de l'ONU fait obligation aux Etats de protéger les enfants contre toute exploitation sexuelle. La France, depuis longtemps déjà, aggrave la sanction des infractions contre les mœurs lorsqu'elles ont pour victime un mineur : ainsi en est-il du viol (art. 332 C. pén.) et du proxénétisme (art. 334-1 C. pén.).

Il existe aussi des infractions particulières : ainsi, l'attentat à la pudeur sans violence, qui n'est punissable que lorsqu'il a pour victime un mineur de quinze ans (art. 331 C. pén.), ou lorsqu'il est commis sur un mineur de plus de quinze ans, mais par un parent ou une personne ayant autorité sur lui, par exemple un beau-père ou un instituteur (art. 331-1 C. pén.). Par contre, il n'existe plus de protection des enfants contre les pratiques homosexuelles, qui ne sont plus visées par le Code pénal depuis une loi du 4 août 1982.

Est encore punissable l'incitation de mineur à la débauche, même sans visée lucrative (art. 334-2 C. pén.).

Les pénalités sont lourdes : ainsi, un inceste sans violence sur enfant de quatorze ans peut entraîner jusqu'à dix ans de prison. De même le proxénétisme de mineurs et l'incitation de mineur à la débauche.

— Les mesures qui tendent à protéger la vie privée des enfants sont éparpillées dans divers textes : ainsi est-il interdit de divulguer dans la presse le nom d'un mineur en fugue, sauf autorisation des parents, ou d'un enfant « exposé ou délaissé » (art. 39 *bis* loi du 29 juillet 1881 sur la presse). Lorsqu'un mineur a écrit un livre, ou donne un spectacle, la presse ne peut parler que de son œuvre, et non de sa vie privée (art. R 211-1 C. trav.). De même encore est-il interdit de publier des comptes rendus d'audience pénale concernant des mineurs, et les jugements ne peuvent être publiés que de façon totalement anonyme (art. 14 ord. 2 févr. 1945).

— Enfin, il existe une dernière série d'infractions destinées à protéger l'identité et la vie familiale des mineurs :

La substitution ou supposition d'enfant : déclarer à l'état civil un enfant comme né d'une femme alors qu'il est né d'une autre, puni de peines criminelles (art. 345 C. pén.).

Puis la provocation à abandon, qui réprime différentes pratiques destinées à inciter une future mère à remettre son enfant à autrui, texte récemment redécouvert à propos des « mères porteuses » (art. 353-1 C. pén.).

Le détournement de mineur et les différents types d'enlèvements (art. 345 et 354 à 356 C. pén.) dont les peines varient selon les circonstances.

Il faut encore évoquer la « non-représentation d'enfant » qui est le fait de ne pas respecter les dispositions relatives à l'autorité parentale et au « droit de visite et d'hébergement » contenues dans une décision de justice (art. 357 C. pén.). Lorsqu'il s'agit d'un enfant naturel, sur lequel l'autorité parentale est exercée par la mère en application de la loi (et non d'un jugement), le père naturel qui refuserait de lui rendre l'enfant serait coupable de détournement de mineur (deux à cinq ans de prison) et non pas de non-représentation d'enfant (un mois à un an de prison)[1].

La notion de « maltraitance » communément utilisée n'inclut qu'une partie de ces infractions : celles qui portent atteinte à la vie et à la santé de l'enfant, en particulier les mauvais traitements et les infractions contre les mœurs, spécialement les incestes. On voit que la protection pénale de l'enfance est beaucoup plus large.

2° Au niveau des *poursuites pénales*, il existe deux difficultés, l'une tenant au secret professionnel de certains intervenants sociaux, l'autre au fait que les auteurs de la maltraitance sont souvent les représentants légaux de l'enfant.

a) Le conflit entre le *secret professionnel* des médecins et assistantes sociales (prévu par l'article 378 du Code pénal) et l'obligation de dénoncer les sévices à enfant énoncée par l'article 62 du Code pénal est une ancienne question qui n'a pas encore reçu véritablement de réponse. Une loi du 15 juin 1971 a prévu que les personnes soumises au secret professionnel « sont libres de fournir leur témoignage sans s'exposer à aucune peine » en matière de mauvais traitements à mi-

1. Crim., 27 novembre 1984, *Bull. crim.*, n° 368.

neurs de quinze ans. Ce qui n'indique pas si elles doivent ou non fournir ce témoignage. Les professions concernées sont très réticentes à l'idée d'une obligation de dénoncer, car elles craignent une perte de confiance chez les personnes dont elles s'occupent.

La Cour de cassation a fini par décider que, les deux obligations s'annulant réciproquement, les personnes tenues au secret professionnel sont libres de dénoncer ou non[1]. Mais il ne faut pas perdre de vue que, si leur abstention permet l'aggravation de la situation, elles peuvent encourir les peines de l'article 63 du Code pénal qui réprime la non-assistance à personne en danger. A l'heure actuelle, les cas douteux font l'objet d'un signalement et d'une évaluation administrative, selon la procédure prévue par la loi de 1989. Ce qui laisse entier le problème de savoir dans quels cas il y a lieu à signalement, et à qui imputer les responsabilités en cas de transmission trop tardive aux autorités judiciaires (v. *infra*).

b) Lorsque les auteurs de la maltraitance sont les parents de la victime, ce qui est de loin le cas le plus fréquent, l'enfant se trouvait privé de la possibilité de faire entendre sa voix, puisque ceux dont il avait à se plaindre étaient ceux-là mêmes qui devaient le représenter. La loi de 1989 a remédié à cette carence de deux manières : en prévoyant que le juge d'instruction puisse nommer à l'enfant un administrateur *ad hoc* chargé de le représenter dans la procédure, ainsi qu'un avocat ; et en reportant à la majorité de l'enfant le début du délai de prescription des crimes commis contre lui par ses parents.

Mais ces solutions sont encore largement insuffisantes : le juge d'instruction n'est pas obligé de nommer cet administrateur *ad hoc*, et il n'existe aucun recours s'il ne le fait pas ; de plus, ce sys-

1. Crim., 14 février 1978, *D*, 78, 354.

tème permet à l'enfant de se faire entendre si le procureur de la République décide de poursuivre les parents, mais ne lui permet pas de porter plainte et de déclencher lui-même le procès pénal, droit qu'a toute victime majeure. Enfin, il est peu judicieux d'attendre la majorité de la victime pour lui permettre, alors, de porter plainte : en effet, entre-temps, les preuves risquent d'avoir disparu. Il faut, certes, maintenir cette suspension de prescription afin de permettre aux enfants de susciter des poursuites à leur majorité s'ils ont été empêchés de le faire avant. Mais il faudrait aussi leur donner les moyens de provoquer les poursuites immédiatement, comme à une victime majeure.

B) *La prévention administrative de la maltraitance.* — Le silence est le plus grand ennemi des enfants martyrs. Souvent, certains savaient, mais n'ont rien dit, par crainte ou parce qu'ils ignoraient à qui révéler leurs soupçons. Aussi la loi de 1989 a-t-elle institué un dispositif de recueil des informations, pour permettre une prompte évaluation de la situation et un traitement rapide. La pièce centrale de ce dispositif est un service administratif placé sous la responsabilité du président du Conseil général qui centralise l'ensemble des renseignements recueillis par tous les services et établissements susceptibles d'avoir connaissance de cas de maltraitance. Pour simplifier l'accès à ce service, un « numéro vert » a été mis en place : 05 05 41 41, affiché dans tous les lieux fréquentés par les enfants. Il correspond à un Groupement d'Intérêt public institué entre l'Etat, les collectivités locales et tous les services, et donne accès à une permanence reliée à l'administration départementale évoquée plus haut. Tout appel téléphonique reçu donne lieu à vérification et évaluation.

C'est donc désormais là que sont transmis tous les signalements, qu'ils émanent d'assistantes sociales, de médecins, des écoles, des voisins ou de l'enfant lui-même, et c'est ce service qui a la charge de décider les mesures à prendre.

Bien que l'enfant ne soit pas seulement en danger

mais, selon toute vraisemblance, d'ores et déjà victime d'infractions pénales, ce n'est pas la justice qui est saisie, mais l'administration. La raison en est double : établir un « filtre » pour ne faire parvenir au procureur de la République que les dossiers vérifiés, et permettre une action immédiate des services sociaux compétents. Cette procédure permet aussi de résoudre le problème du secret professionnel, puisque les travailleurs sociaux ou les médecins ne dénoncent pas directement leurs « clients », mais transmettent leurs observations à un service spécialisé dans l'évaluation de ces situations et donc compétent pour prendre la décision.

Ce détour systématique par l'administration pose cependant deux types de problèmes. Le premier surgit lorsque le passage dans le circuit administratif induit un retard d'intervention préjudiciable à l'enfant, particulièrement en période de congés. Le dommage est alors souvent irréparable, et la recherche de responsabilités aussi aléatoire qu'inefficace.

Le second problème est de fond : l'article 69 nouveau du CFAS n'impose au président du Conseil général de saisir les autorités judiciaires que lorsqu' « il est impossible d'évaluer la situation ou que la famille refuse manifestement d'accepter l'intervention du service de l'ASE ». Ce qui semblerait indiquer que le président du Conseil général n'aurait aucune obligation de saisir la justice, même en présence d'une infraction grave (viol), dès lors que la famille accepterait les mesures administratives ! Une telle proposition est évidemment inacceptable, mais on constate que le débat relatif à l'obligation de dénoncer, éludé au niveau du secret professionnel, resurgit à propos des obligations du président du Conseil général : cette question n'est toujours pas clairement réglée.

Qu'il s'agisse d'enfants en danger ou d'enfants maltraités, les travailleurs sociaux et la justice sont souvent dans une situation d'impuissance. Mettre en prison l'auteur des mauvais traitements et « placer » l'enfant dans un établissement de l'ASE ne sont pas vraiment d'excellentes solutions. D'où une tendance à laisser le plus possible l'enfant dans sa famille, à la fois parce qu'une mauvaise famille est souvent meilleure qu'un bon « placement », et parce que le fait de retirer les enfants marque, d'une certaine façon, l'échec du travail social, et achève souvent de marginaliser les parents. Ce qui explique certaines carences devant des situations dont la gravité n'avait pas été exactement mesurée.

3. **Les enfants délinquants.** — Evoquer les enfants délinquants dans une section consacrée aux enfants menacés relève d'un paradoxe : ne sont-ce pas les enfants délinquants qui, au contraire, menacent la société ? En réalité, cette présentation est parfaitement conforme au présupposé législatif, selon lequel un enfant délinquant est avant tout un enfant à rééduquer et non pas à punir. Cette option fondamentale a été prise dès une ordonnance du 2 février 1945, qui a été améliorée sur certains points mais n'a pas subi de révision fondamentale. La réforme du Code pénal qui devrait intervenir prochainement devrait encore accentuer cette politique législative.

Quelles que soient les réformes, la problématique ne changera pas fondamentalement : l'enfant est-il « coupable », c'est-à-dire pénalement responsable de ses actes ? Quelles sanctions ou mesures doivent lui être appliquées ? Quelles sont les juridictions compétentes ? Et la procédure qui y est suivie ?

A) *La responsabilité pénale de l'enfant.* — Elle dépend d'abord de la « majorité pénale ». Aujourd'hui, elle coïncide avec la civile : dix-huit ans. Un enfant qui commet une infraction pénale auparavant est donc soumis à un régime juridique particulier, qui est d'ailleurs différent selon l'âge du mineur au moment des faits.

L'ordonnance de 1945 a posé comme critère l'âge de *treize ans*. En deçà de cet âge, l'enfant qui a commis une infraction ne peut jamais se voir appliquer une peine, mais seulement des mesures éducatives.

Par la suite, la jurisprudence a établi une sous-distinction parmi les enfants de moins de treize ans : seuls ceux qui sont dotés de « discernement » sont pénalement responsables et peuvent faire l'objet de mesures éducatives portées sur leur casier judiciaire. Les enfants en bas âge qui ne comprennent pas la portée de leurs actes ne sont pas pénalement responsables et ne peuvent donc faire l'objet d'aucune sanction. Ce sont les tribunaux qui déterminent, cas par cas, si l'enfant qui a commis un méfait était ou non doté de ce discernement. Ainsi, par exemple, a-t-il été jugé qu'un enfant de neuf ans était responsable d'un incendie[1]. Pour éviter les incertitudes, il est question de fixer un âge légal du discernement : sept ou dix ans ?

A partir de treize ans, le mineur doit rendre compte de ses actes délictueux. Mais il ne sera pas forcément l'objet d'une sanction pénale : le juge ou le tribunal auront le choix entre les mesures éducatives et les peines.

B) *Les sanctions applicables aux mineurs délinquants.* — Elles sont de deux ordres : mesures éducatives ou peines. Le choix est laissé à l'appréciation des juges, quels que soient la gravité de l'infraction et l'âge du délinquant.

1° *Les mesures éducatives prévues par l'ordonnance de 1945 sont :*

— la « remise de l'enfant » à ses parents ou aux personnes qui en avaient la garde, ou à une autre personne digne de confiance ;
— l' « admonestation » : solennelle mise en garde du mineur par le juge ;
— le placement dans une institution d'éducation ou de formation professionnelle ;

1. Ass. plén., 9 mai 1984, précité.

— le placement dans un établissement médical ou médico-psychologique ;
— le placement en liberté surveillée ;
— le placement dans un internat spécialisé pour les mineurs délinquants. Cette dernière mesure ne peut pas être prise par le juge des enfants seul, mais par le tribunal des enfants (v. *infra*).

Les placements et surveillances sont proposés et suivis par un service administratif autrefois appelé Service de l'Education spécialisée, devenu depuis un décret du 21 février 1990 la Protection judiciaire de la Jeunesse rattachée au ministère de la Justice.

Ces mesures peuvent durer jusqu'à la majorité de l'enfant, mais elles sont en permanence révisables par le juge des enfants, en aggravation ou en allégement. En particulier, « l'incident à la liberté surveillée » peut justifier une mesure de placement. A l'inverse, la surveillance pourra être supprimée en cas de bonne conduite du mineur.

2° *Les véritables peines* ne sont prononcées que si les mesures éducatives avouent leur insuffisance.

Il s'agit alors des mêmes peines que celles qui seraient appliquées à un majeur pour les mêmes faits, amende et/ou emprisonnement ou encore substituts à l'emprisonnement comme le Travail d'Intérêt général pour les jeunes de plus de seize ans. Mais, en application de l'excuse légale de minorité, le maximum légal est divisé par deux. Ce qui n'empêche pas d'accorder, en plus, des circonstances atténuantes.

Pour les délinquants âgés de plus de seize ans, le tribunal peut, par décision spécialement motivée, exclure l'excuse de minorité et les sanctionner comme des majeurs. On aboutit alors parfois à des sanctions fort sévères : ainsi un mineur a-t-il pu être condamné à la réclusion criminelle à perpétuité, pour plusieurs meurtres de vieilles dames commis avec préméditation. Malgré la gravité extrême des faits, on peut légitimement s'interroger sur cette privation définitive de liberté infligée à une personne encore inapte à contracter ou à voter ?

Même pour une durée limitée, l'emprisonnement de mineurs pose problème : plus encore que pour les adultes, la prison n'est-elle pas facteur de récidive plutôt que moyen de resocialisation ? La loi a tenté de donner un effet positif à l'emprisonnement par la création de « prison-écoles », la séparation des adultes et des mineurs dans les maisons d'arrêt, les possibilités de formation professionnelle, etc. Malheureusement, la surpopulation carcérale rend l'application de ces principes parfois illusoire. S'il paraît difficile, compte tenu de la délinquance affirmée de certains mineurs, d'éviter tout recours à l'emprisonnement, il serait indispensable que l'exécution de cette sanction soit organisée de façon à ce qu'au minimum elle ne puisse pas nuire à l'enfant concerné !

Quelle que soit la mesure choisie, elle figurera sur le casier judiciaire du mineur, mais seulement sur le « n° 1 » qui n'est communiqué qu'aux magistrats de l'ordre judiciaire. Jamais un employeur ou une autorité administrative n'en auront connaissance. De plus, si le mineur se conduit bien pendant trois ans au moins, le juge des enfants pourra ordonner la suppression de cette mention sur le casier judiciaire.

Pour les enfants n'ayant pas récidivé, la suppression des condamnations sur leur casier judiciaire devrait être automatique.

C) *Les juridictions pénales pour mineurs.* — Comme pour les majeurs délinquants, la juridiction compétente dépend de la gravité de l'infraction commise.

Pour les contraventions des quatre premières classes (par exemple stationnement interdit d'un cyclomoteur), le mineur est justiciable du tribunal de police comme un majeur.

Pour les infractions plus graves : contraventions de la cinquième classe, délits et crimes, il existe des juridictions spécialisées. Au stade du jugement, la compétence de ces juridictions est exclusive ; par contre, l'instruction des délits ou crimes commis par des mineurs peut être suivie par un juge d'instruction.

Plus précisément, le juge des enfants est compétent pour instruire et juger toutes les contraventions et délits commis par des moins de dix-huit ans et pour les crimes commis par des mineurs de seize ans. Il peut donc garder par-devers lui le dossier du début jusqu'à la fin. La seule limite à sa compétence tient aux mesures décidées : il ne peut ni prononcer un placement dans un internat, ni une peine, pas même une amende ou un Travail d'Intérêt général (ce qui est dommage pour ce dernier). Si le juge des enfants estime que, compte tenu de la gravité de l'affaire et de la personnalité de l'enfant, ce type de sanction est souhaitable, il renverra l'enfant devant le tribunal pour enfants.

Le tribunal pour enfants est composé du juge des enfants qui le préside et de deux assesseurs, choisis en raison de leur compétence dans le domaine de l'enfance. Ce tribunal juge les mêmes affaires que le juge des enfants, mais il peut appliquer l'ensemble de l'arsenal des mesures, pénales ou non.

Les mineurs de plus de seize ans ayant commis un crime (meurtre, viol...) sont traduits devant la cour d'assises des mineurs qui est semblable à une cour d'assises normale, à l'exception du fait que les deux juges assesseurs sont des juges pour enfants. Mais le président de la cour et le jury sont identiques à ceux d'une cour d'assises normale, ce qui permet de juger en même temps majeurs et mineurs lorsqu'ils ont participé ensemble à un même crime.

A l'heure actuelle la cour d'assises des mineurs est

critiquée comme insuffisamment adaptée. Il est question de la supprimer.

D) *La procédure pénale applicable aux mineurs.* — La première particularité du droit des mineurs est la présence obligatoire d'un avocat. Eventuellement, il sera désigné d'office.

Une seconde dérogation au droit commun est le caractère obligatoire de l'instruction. Les procédures de flagrant délit et de citation directe sont inapplicables aux mineurs.

Pour le surplus, la procédure pénale des mineurs ressemble beaucoup (trop ?) à celle des majeurs.

1° Un délit ou un crime commis par un mineur peut être *instruit par le juge des enfants ou un juge d'instruction.* Le choix dépend de la difficulté de l'enquête et de l'existence ou non de majeurs impliqués dans la même affaire : les affaires complexes ou « mixtes » (avec des majeurs) de même que les crimes sont souvent confiés aux juges d'instruction, les autres instruites par les juges des enfants. Il faut noter que les pouvoirs des uns et des autres sont identiques : les juges des enfants comme les juges d'instruction peuvent ordonner une mise en détention provisoire, ainsi que des mesures éducatives provisoires (placement dans un centre d'éducation ou remise aux services de l'ASE, etc.). Ils peuvent également soumettre l'enfant à un contrôle judiciaire. Les services de la Protection judiciaire de la jeunesse doivent intervenir pour indiquer au juge chargé de l'instruction des propositions de placement ou d'aide éducative permettant d'éviter la détention, propositions auxquelles le juge est libre d'adhérer ou non.

2° *La mise en détention provisoire* des mineurs fait partie des questions « sensibles ». Pas plus qu'il n'est possible d'écarter complètement l'emprisonnementsanction, on ne peut éviter dans tous les cas de recourir à la détention provisoire. Mais la loi du 6 juillet 1989 limite strictement les cas dans lesquels elle peut être prononcée ainsi que sa durée.

La détention provisoire d'enfants de moins de treize ans est désormais interdite. (Naguère encore, un enfant de douze ans était en détention provisoire pour un viol.) De treize ans à seize ans, elle n'est possible qu'en matière criminelle. Elle ne peut alors durer plus de six mois, et peut être prorogée une seule fois.

Pour les mineurs de plus de seize ans, la détention provisoire peut être ordonnée en matière criminelle ou délictuelle. Dans le cas de crime, elle peut aller jusqu'à deux ans. Dans le cas de délits, sa durée dépend de la peine encourue, et peut aller jusqu'à un an pour des infractions faisant encourir un emprisonnement de sept ans. La Cour de cassation a eu l'occasion de dire que cette loi n'a rien de contraire à la Convention européenne des droits de l'homme dans une affaire où un jeune de quinze ans était prévenu de tentative d'homicide volontaire au moyen d'une arme, les psychiatres relevant de sérieux risques de réitération[1].

3° *L'enquête de personnalité* comprend deux volets : enquête sociale et expertise médico-psychologique. Ces enquêtes n'ont pas toujours lieu, l'article 8 de l'ordonnance de 1945 permettant au juge qui instruit le dossier de ne pas y recourir « dans l'intérêt du mineur ». De ce fait, il advient relativement souvent qu'elle ne soit pas faite, ce que d'aucuns déplorent. Cependant, dans certaines affaires de délinquance très occasionnelle réglées par une « admonestation », l'expertise médico-psychologique serait non seulement inutile (et coûteuse) mais nuisible à l'équilibre de l'enfant. Aussi paraît-il judicieux de laisser les juges libres de leur

1. Crim., 22 mai 1990, *D*, 1990, p. 456.

choix. Par contre, dans les hypothèses de délinquance confirmée, c'est le dossier de personnalité qui permettra au juge, puis au tribunal, de choisir la formule la mieux adaptée à l'enfant, parmi le vaste éventail de possibilités ouvertes par la législation.

Conclusion

Il n'est pas facile de conclure l'exposé d'un sujet aussi complexe et aussi riche de virtualités de modifications. Dans la dialectique protection/droits de l'enfant, l'équilibre est difficile à respecter. Le plus grave défaut de la situation actuelle nous paraît être le décalage entre les mécanismes protecteurs et les vrais dangers guettant l'enfant. Lui interdire d'hypothéquer ses maisons, et le laisser en danger d'être emprisonné ! Recentrer et améliorer la protection sur les zones où elle est vraiment nécessaire et promouvoir les droits autonomes de l'enfant dans les autres domaines nous semble être la ligne de conduite à proposer en matière de « droits de l'enfant ».

ANNEXE

CONVENTION SUR LES DROITS DE L'ENFANT

adoptée par l'ONU le 20 novembre 1989

(Extraits)

ARTICLE PREMIER. — Au sens de la présente Convention, un enfant s'entend de tout être humain âgé de moins de dix-huit ans, sauf si la majorité est atteinte plus tôt en vertu de la législation qui lui est applicable.

ART. 2. — 1. Les Etats parties s'engagent à respecter les droits qui sont énoncés dans la présente Convention et à les garantir à tout enfant relevant de leur juridiction, sans distinction aucune, indépendamment de toute considération de race, de couleur, de sexe, de langue, de religion, d'opinion politique ou autre de l'enfant ou de ses parents ou représentants légaux, de leur origine nationale, ethnique ou sociale, de leur situation de fortune, de leur incapacité, de leur naissance ou de toute autre situation.

2. Les Etats parties prennent toutes les mesures appropriées pour que l'enfant soit effectivement protégé contre toutes formes de discrimination ou de sanction motivées par la situation juridique, les activités, les opinions déclarées ou les convictions de ses parents, de ses représentants légaux ou des membres de sa famille.

ART. 3. — 1. Dans toutes les décisions qui concernent les enfants, qu'elles soient le fait des institutions publiques ou privées de protection sociale, des tribunaux, des autorités administratives ou des organes législatifs, l'intérêt supérieur de l'enfant doit être une considération primordiale.

...

ART. 5. — Les Etats parties respectent la responsabilité, le droit et le devoir qu'ont les parents ou, le cas échéant, les membres de la famille élargie ou de la communauté, comme prévu par la coutume locale, les tuteurs ou autres personnes légalement responsables de l'enfant, de donner à celui-ci, d'une manière qui corresponde au développement de ses capacités, l'orientation et les conseils appropriés à l'exercice des droits que lui reconnaît la présente Convention.

ART. 6. — 1. Les Etats parties reconnaissent que tout enfant a un droit inhérent à la vie.

2. Les Etats parties assurent dans toute la mesure possible la survie et le développement de l'enfant.

ART. 7. — 1. L'enfant est enregistré aussitôt sa naissance et a dès celle-ci le droit à un nom, le droit d'acquérir une nationalité et, dans la mesure du possible, le droit de connaître ses parents et d'être élevé par eux.

...

ART. 9. — 1. Les Etats parties veillent à ce que l'enfant ne soit pas séparé de ses parents contre leur gré, à moins que les autorités compétentes ne décident, sous réserve de révision judiciaire et conformément aux lois et procédures applicables, que cette séparation est nécessaire dans l'intérêt supérieur de l'enfant. Une décision en ce sens peut être nécessaire dans certains cas particuliers, par exemple lorsque les parents maltraitent ou négligent l'enfant, ou lorsqu'ils vivent séparément et qu'une décision doit être prise au sujet du lieu de résidence de l'enfant.

...

3. Les Etats parties respectent le droit de l'enfant séparé de ses deux parents ou de l'un d'eux d'entretenir régulièrement des relations personnelles et des contacts directs avec ses deux parents, sauf si cela est contraire à l'intérêt supérieur de l'enfant.

...

ART. 11. — 1. Les Etats parties prennent des mesures pour lutter contre les déplacements et les non-retours illicites d'enfants à l'étranger.

...

ART. 12. — 1. Les Etats parties garantissent à l'enfant qui est capable de discernement le droit d'exprimer librement son opinion sur toute question l'intéressant, les opinions de l'enfant étant dûment prises en considération eu égard à son âge et à son degré de maturité.

2. A cette fin, on donnera notamment à l'enfant la possibilité d'être entendu dans toute procédure judiciaire ou administrative l'intéressant, soit directement, soit par l'intermédiaire d'un représentant ou d'un organisme approprié, de façon compatible avec les règles de procédure de la législation nationale.

ART. 13. — 1. L'enfant a droit à la liberté d'expression. Ce droit comprend la liberté de rechercher, de recevoir et de répandre des informations et des idées de toute espèce, sans considération de frontières, sous une forme orale, écrite, imprimée ou artistique, ou par tout autre moyen du choix de l'enfant.

2. L'exercice de ce droit ne peut faire l'objet que des seules restrictions qui sont prescrites par la loi et qui sont nécessaires :

a) au respect des droits ou de la réputation d'autrui ; ou
b) à la sauvegarde de la sécurité nationale, de l'ordre public, de la santé ou de la moralité publiques.

ART. 14. — 1. Les Etats parties respectent le droit de l'enfant à la liberté de pensée, de conscience et de religion.

2. Les Etats parties respectent le droit et le devoir des parents ou, le cas échéant, des représentants légaux de l'enfant, de guider celui-ci dans l'exercice du droit susmentionné d'une manière qui corresponde au développement de ses capacités.

...

ART. 16. — 1. Nul enfant ne fera l'objet d'immixtions arbitraires ou illégales dans sa vie privée, sa famille, son domicile ou sa correspondance, ni d'atteintes illégales à son honneur et à sa réputation.

...

ART. 18. — 1. Les Etats parties s'emploient de leur mieux à assurer la reconnaissance du principe selon lequel les deux parents ont une responsabilité commune pour ce qui est d'élever l'enfant et d'assurer son développement. La responsabilité d'élever l'enfant et d'assurer son développement incombe au premier chef aux parents ou, le cas échéant, à ses représentants légaux. Ceux-ci doivent être guidés avant tout par l'intérêt supérieur de l'enfant.

...

ART. 19. — 1. Les Etats parties prennent toutes les mesures législatives, administratives, sociales et éducatives appropriées pour protéger l'enfant contre toutes formes de violence, d'atteinte ou de brutalités physiques ou mentales, d'abandon ou de négligence, de mauvais traitements ou d'exploitation, y compris la violence sexuelle, pendant qu'il est sous la garde de ses parents ou de l'un d'eux, de son ou ses représentants légaux ou de toute autre personne à qui il est confié.

...

ART. 20. — 1. Tout enfant qui est temporairement ou définitivement privé de son milieu familial, ou qui dans son propre intérêt ne peut être laissé dans ce milieu, a droit à une protection et une aide spéciales de l'Etat.

...

ART. 23. — 1. Les Etats parties reconnaissent que les enfants mentalement ou physiquement handicapés doivent mener une vie pleine et décente, dans des conditions qui garantissent leur dignité, favorisent leur autonomie et facilitent leur participation active à la vie de la collectivité.

2. Les Etats parties reconnaissent le droit des enfants handicapés de bénéficier de soins spéciaux et encouragent et assurent, dans la mesure des ressources disponibles, l'octroi, sur demande, aux enfants handicapés remplissant les conditions requises et à ceux qui en ont la charge, d'une aide adaptée à l'état de l'enfant et à la situation de ses parents ou de ceux à qui il est confié.

...

ART. 24. — 1. Les Etats parties reconnaissent le droit de l'enfant de jouir du meilleur état de santé possible et de bénéficier de services médicaux et de rééducation. Ils s'efforcent de garantir qu'aucun enfant ne soit privé du droit d'avoir accès à ces services.

...

3. Les Etats parties prennent toutes les mesures efficaces appropriées en vue d'abolir les pratiques traditionnelles préjudiciables à la santé des enfants.

...

ART. 28. — 1. Les Etats parties reconnaissent le droit de l'enfant à l'éducation, et en particulier, en vue d'assurer l'exercice de ce droit progressivement et sur la base de l'égalité des chances :

a) Ils rendent l'enseignement primaire obligatoire et gratuit pour tous.

...

2. Les Etats parties prennent toutes les mesures appropriées pour veiller à ce que la discipline scolaire soit appliquée d'une manière compatible avec la dignité de l'enfant en tant qu'être humain et conformément à la présente Convention.

...

ART. 37. — Les Etats parties veillent à ce que :

a) Nul enfant ne soit soumis à la torture ni à des peines ou traitements cruels, inhumains ou dégradants : ni la peine capitale ni l'emprisonnement à vie sans possibilité de libération ne doivent être prononcés pour les infractions commises par des personnes âgées de moins de dix-huit ans ;

b) Nul enfant ne soit privé de liberté de façon illégale ou arbitraire : l'arrestation, la détention ou l'emprisonnement d'un enfant doit être en conformité avec la loi, n'être qu'une mesure de dernier ressort, et être d'une durée aussi brève que possible ;

c) Tout enfant privé de liberté soit traité avec humanité et avec le respect dû à la dignité de la personne humaine, et d'une manière tenant compte des besoins des personnes de son âge : en particulier, tout enfant privé de liberté sera séparé des adultes, à moins que l'on estime préférable de ne pas le faire dans l'intérêt supérieur de l'enfant, et il a le droit de rester en contact avec sa famille par la correspondance et par des visites, sauf circonstances exceptionnelles ;

d) Les enfants privés de liberté aient le droit d'avoir rapidement accès à l'assistance juridique ou à toute autre assistance appropriée, ainsi que le droit de contester la légalité de leur privation de liberté devant un tribunal ou une autre autorité compétente, indépendante et impartiale, et à ce qu'une décision rapide soit prise en la matière.

BIBLIOGRAPHIE

Baudouin Jean-Marie, *Le juge des enfants,* Ed. ESF, 1990.

Chaillou Philippe, *Le juge et l'enfant,* Ed. Privat, 1987.

Conseil d'Etat, *Rapport sur la protection et le statut de l'enfant,* Ed. Documentation française, 1991.

Hauser Jean et Huet-Weiller Danièle, *Fondation et vie de la famille,* LGDJ, coll. « Traité de droit civil », 1989.

IDEF, *La lettre de l'IDEF,* numéro spécial sur la Convention de l'ONU, novembre 1989.

Labbée Xavier, *La condition juridique du corps humain avant la naissance et après la mort,* PUL, 1991.

Lenoël Pierre, *La capacité juridique de l'enfant mineur en droit français,* 1987.

LERADP, *L'enfant, la famille et l'argent,* Colloque de Lille, décembre 1990, LGDJ, 1991.

Moneger Françoise, La Convention des Nations Unies sur les droits de l'enfant, *Revue trimestrielle de droit sanitaire et social,* avril-juin 1990.

Neirinck Claire, *La protection de la personne de l'enfant contre ses parents,* LGDJ, 1984.

Raymond Guy, *Le droit de l'enfance,* 1980.

Raymond Guy, La Convention des Nations Unies sur les droits de l'enfant et le droit français de l'enfance, *JCP,* 1990.1.3451.

Renucci Jean-François, *Enfance délinquante et enfance en danger,* CNRS, 1990.

Rosenczveig Jean-Pierre, *Enfants victimes, enfants délinquants,* 1989.

Verdier Pierre, *Nouveau guide de l'aide sociale à l'enfance,* Ed. Centurion, 1990.

TABLE DES MATIÈRES

Imprimé en France
Imprimerie des Presses Universitaires de France
73, avenue Ronsard, 41100 Vendôme
Décembre 1991 N° 37 600